掌尚文化

Culture is Future

尚文化・掌天下

Behavioral Biases and Their Impacts on Pricing in China's Bond Market

中国债券市场主体定价行为

于建忠　著

图书在版编目（CIP）数据

中国债券市场主体定价行为 / 于建忠著．-- 北京：经济管理出版社，2024．-- ISBN 978-7-5096-9762-7

Ⅰ．F832.51

中国国家版本馆 CIP 数据核字第 20246AA571 号

组稿编辑：宋　娜
责任编辑：董杉珊
责任印制：黄章平
责任校对：王淑卿

出版发行：经济管理出版社
（北京市海淀区北蜂窝 8 号中雅大厦 A 座 11 层　100038）
网　　址：www. E-mp. com. cn
电　　话：（010）51915602
印　　刷：唐山玺诚印务有限公司
经　　销：新华书店
开　　本：720mm×1000mm/16
印　　张：12
字　　数：198 千字
版　　次：2024 年 5 月第 1 版　　2024 年 5 月第 1 次印刷
书　　号：ISBN 978-7-5096-9762-7
定　　价：98.00 元

目　录

第一章　导论

第一节　选题的背景及意义

自 1997 年中国银行间债券市场成立以来，中国债券市场呈现快速发展的良好态势，交易主体由最初的 16 家商业银行逐步拓展到包括中资商业银行、外资银行、农村信用社、财务公司、证券公司、基金公司、信托公司等全部类型金融机构以及企事业单位法人超过 5000 家。债券类型和期限品种由最初的期限种类较为单一的国债，发展到包含国债、政策金融债、商业银行债券、中央银行票据、企业短期融资券、企业债券、资产支持证券等各种类型，期限从一个月到三十年不等，债券数量超过 660 只，债券托管余额已经超过 80000 亿元。交易品种工具也由过去较为单一的信用拆借、债券回购、现券买卖，发展到包含衍生产品在内的买断式回购、远期交易、利率掉期等类型较为丰富的交易品种工具。交易规模也快速扩大，2005 年，银行间债券市场现券交割量已达 6.34 万亿元，回购交割量更是已经达到了 16.50 万亿元。随着债券市场的快速发展，利率市场化在循序渐进式地向前推进。1998 年，银行间债券利率开始实行市场化发行，债券交易价格由交易双方协商，利率市场化的改革已经走到了关键时期。但是受制于彼时中国利率市场化处于逐步放松、管制仍然较为严格的影响，特别是缺乏具有影响力的基准利率，债券交易价格的确定缺乏合理的依据。自 2000 年以来，随着债券市场的发展和交易活跃程度的提高，债券定价缺乏合理的依据以及传统定价技术限制市场交易的矛盾显现出来。活跃的市场主体基本依靠市场经验来确定成交价格和债券投标价格，特别是中国处于低利率时期，债券市场潜伏着一定的系统性风险，进一步限制了债券资产的流动性和各主体进行利率风险管理。

中国债券市场虽然发展很快，但与美国等发达经济体相比，还处在数量、规模、广度方面发展很快，但在质量和深度方面较弱的初级阶段。美国金融市场高度发达，各项制度健全、监管严格、市场主体行为比较规范，交易比较活跃，在此情况下形成了市场化的利率体系，尤其是其国债利率已经成为所有金融资产定价的基准，债券定价技术非常成熟，并已经在债券市场中得到很好的应用。可喜的是，自 2000 年开始，我国一些机构开始加强研究债券定价技术，在资产组合和债券定价方面开始引入国外金融工程中的一些模型，如资本资产定价模型（CAPM），并探索尝试构建中国债券收益率曲线模型；特别是中央国债登记结算有限责任公司（以下简称中央结算公司）和路透合作，在修正美国债券收益率曲线模型的基础上，构建了中国第一个市场债券收益率曲线模型——银行间债券收益率曲线模型。随后中国外汇交易中心以及北方之星数码技术（北京）有限公司（以下简称北方之星公司）、红顶金融工程研究中心等债券交易软件商，也陆续参照美国债券市场的收益率曲线模型，构建了相应的国债、金融债收益率曲线和债券指数，以期为债券交易提供定价参考。但是，由于中国利率体系的尚不够健全、交易存在一定程度上的不活跃、数据样本也存在一定的不可靠性等原因，构建的收益率曲线与实际交易价格偏离大，无法较好作为定价的参考和依据，构建的定价模型在实践中不实用，出现了“投资模型为材料服务”的尴尬境地。

自 2000 年以来，笔者一直在银行间债券市场富有影响力之一的某大型机构负责债券投资业务和管理资金交易业务，所在机构债券资产和资金吞吐量庞大，而债券定价一直是困扰实践的难题。为此，笔者在工作实践当中不

断思考和研究债券定价的机理。此外，笔者曾从事管理领导干部工作，彼时奠定了对人的行为相关主题的思考和理论研究基础。由此，本书加强对债券市场主体行为的观察和债券定价技术的研究，并发现了银行间债券市场中存在的几个现象：

（1）依据引入的定价模型确定的债券价格与市场成交价格偏离大，难作为决策依据，较缺乏现实指导意义。

（2）债券发行主体的理念及制定的发行规则、发行计划对债券发行定价的影响较大。

（3）中央银行公开市场操作的力度、持续性和操作风格对债券定价的影响大。

（4）交易主体中核心力量的变化和偏好对债券价格以及收益率曲线的阶段性变动产生较大的影响，突出表现为：大型商业银行因为资金实力雄厚在债券市场低迷时期及资金短缺时期对债券价格起到了决定性作用；保险公司出于长期资产匹配的需要在一定程度上垄断了长期债券的定价。货币市场基金崛起，较大影响了一年以内债券品种的定价。

（5）受银行间市场的询价交易制度制约，市场成员间的交往程度与交易活跃程度具有很大的相关性。

基于以上现象，笔者在市场实践中重点加强了对债券定价起主要影响作用的市场管理主体、债券发行主体、市场交易核心主体的运作机制的观察和研究，并将零散的心得应用到债券定价中，效果比较明显。尤其是笔者2002年初在所在机构内部提出了对债券收益率曲线进行修正的设想，添加“行为因子”，构建债券收益率定价曲线，在实践中也取得了不错的效果。不过，以前笔者的研究主要侧重于投资交易主体行为的观察、市场运行现象的总结，以及主体行为经验的积累和实践尝试，缺乏理论支撑，也不够系统化，特别是缺乏实现定性向定量的转变。2002年，丹尼尔·卡尼曼和弗农·史密斯因在行为金融学领域的贡献获得诺贝尔经济学奖，确立了行为金融学在全球学术界的地位。行为金融学理论开阔了笔者的视野和思维，实践中困扰笔者的一些现象和难题在行为金融学中找到了很好的解释。因此，在获得了行为金融学的理论支撑后，笔者渴望对这一课题进一步进行系统、深入的研究。另外，笔者当时所在机构连续四年获得了银行间债券市场交易排名之冠，实力较为雄厚，并且在管理主体、发行主体、中间主体和市场主体中具有较高的地位和较强的影响力。所在机构主要从事包括自营债券资产的买卖和代理客户买卖债券、债券理财、经纪业务、投行业务等所有债券业务，客户群包括债券管理主体、发行主体，以及中外银行、保险公司、证券公司、基金公司、企业等各类市场交易主体，所从事工作与本书研究的内容能够相互促进，同时也为本书的研究和成果尝试提供了便利的条件。

笔者认为，关于债券定价过程中的主体行为研究具有重要的理论及实践意义，具体表现在：

从理论上来看，自20世纪80年代以来主流金融学所研究的资本市场理论仅仅考虑定价、套利、均衡等问题，有效资本市场假说和投资交易主体理性人假说一直未能在实践中得到很好的验证，且资本市场出现了一些主流金融学所无法解释的异象。2002年开始兴起的行为金融学主要从实证的角度研究人们如何理解和利用信息并作出决策，证明了金融市场参与者的行为模式并不是完全理性、可预期和无偏差的，认真分析了金融市场中行为人的认知与行为偏差，并在此基础上发展了主流金融学的资本资产定价模型（CAPM），形成了行为资产定价模型（BAPM）。对于国内而言，我国仍处于理论引入阶段，虽然国内引入或进行行为金融方面研究的书籍已经多达20余本，但主要是侧重于运用引入的行为金融理论对国内证券市场（主要对股票市场）的一些异象实证检验，运用行为金融理论对债券定价的研究还没见到公开著作出现。而且，由于中西文化、中西制度的差异，以及中西两个债券市场发达程度的不一致，特别是中国正处于金融体制快速转轨时期，作为投资决策的关键人所考虑问题的出发点和行为也存在很大的差异，从实践中的应用也感受到了直接套用西方行为金融模型缺乏现实指导意义；特别是中国债券市场的投资交易主体是机构投资者（商业银行、保险公司、基金公司、证券公司、企业等）的理念更加不成熟，加强对其行为的研究更为重要。因此，对中国债券市场主体定价行为的研究将有效改善国内这一领域研究的不足，也将为后续的研究打下基础，因而具有较大的理论意义。

从实践上来看，中国债券市场处于快速发展的阶段，并正逐步为外国投资者所认识，走向全球化，特别是2006年过渡期结束后，中国金融市场向全球全面开放。面对庞大的资金吞吐量和巨额债券资产，中国投资者一直缺乏定价的依据，自2000年以来债券市场价格大起大落，甚至相当多的投资机构将债券当作股票炒作，与此同时，债券市场受政策面、资金面、机构投资风格的影响比较大，进而变成了“预期主导型”和“资金推动型”的债券市场，与经济学中所定义的“真实投资价值”相背离。本书研究的最终目的是发现主体行为是如何主导债券定价偏离的规律，并提出解决或者适宜这一偏离的对策。本书的研究结论不仅将会直接指导笔者所在投资团队更好地把握债券市场波动规律，引导债券合理定价，较好地对债券资产估值和衍生产品定价，更为加强资产的风险管理提供基准参考，而且相信也会对市场交易主体的定价行为具有较强的间接借鉴意义。此外，相信本书的研究对中央银行的公开市场操作及中华人民共和国财政部（以下简称财政部）、国家开发银行等发行机构的债券发行也具有参考价值。

第二节 国内外的研究现状

债券的定价问题一直以来都是理论与实务界研究的重点。国内外学者对这一问题已经进行了大量的研究，并取得了丰硕的成果。然而，对于债券定价偏离的研究却非常少见，只有一些零星研究指出了国内债券定价中面临的难题，或者国内债券定价模型不甚准确，见王晓芳和韩龙（2005）、贺国生和邓晓卓（2005）、朱世武和邢丽（2005）、于瑾（2004）、文忠桥（2004）等。不过这些研究大多只是隐约地、定性地提出了定价偏离这一结论，既没有对这一结论进行证明，更没有对其形成原因进行深入的阐述，自然也就没有提出解决这一问题的对策。

事实上，对定价偏离的研究应该很自然地将其与主体行为相联系，因为就定价偏离而言，它可能是一种行为，也可能是一个结果，但无论如何都是主体的行为造成的①。倘若要研究主体行为，则必须从行为金融学的角度来对其进行深刻理解。

现代金融学理论是20世纪60年代兴起的以金融经济学为主要理论、研究主题的理性假设下的学科，其以资本资产定价模型（CAPM）、套利定价模型（APT）、期权定价模型（OPT）以及有效市场假说（EMH）等理论为核心框架。然而，20世纪80年代以后，大量的实证和观察发现，股票市场中的很多现象违反了现代金融学的核心理论框架，无法用有效市场假说和现代金融理论进行解释，这种现象被称为异象（Anomalies），如Mehra和Prescott（1985）提出的股权溢价之谜，De Bondt和Thaler（1985）提出的输者赢者效应，Jegadeesh和Titman（1993）、Chan等（1996）以及Fama（1991）提出的惯性效应（Momentum Effect）与反转效应（Reverse Effect），Rozeff和Kinney（1976）发现的一月效应等。随着越来越多异常现象被发现，学者们开始质疑现代金融学理论框架在证券价格决定上的解释力，并转到其他领域寻求合理的解释，这充分说明现代金融学的经典的、数量经济基础上的严谨体系是很不完善的，金融学出现了没有严格的统计数据支持的模型和没有理论解释的实证数据相矛盾的尴尬局面。因此，运用心理学、社会学、行为学来研究金融活动当中人们决策行为的行为金融学便成为学界的关注点。

随着1979年Kahneman和Tversky提出的展望理论引起金融学家们的注意，以及心理学和社会学相关研究成果在投资者行为研究中的应用，行为金融学逐步产生。人类具有一定的理性，人类的行为却不尽是理性的。行为金融学在对人类行为进行了非理性、有限理性的基本预设基础上，把行为者的感情因素、心理活动、社会规范、思维定式注入了投资预测和资产管理活动之中，认为这些因素都在人类的决策过程当中扮演着重要角色。

① 从事前来看，定价偏离可能是主体主动采取的一种定价行为；从事后来看，定价偏离是最终表现出来的一种结果。不管主体是否主观上采用定价偏离的策略，就其本质而言，无论前者还是后者，都是由于主体的行为造成的。

与有效市场理论（EMH）的“理性范式”（Rational Approach）相对应，行为金融理论的前提是投资者非理性或有限理性的心理现象，也称为“心理范式”（Psychological Approach）。行为金融学发展至今主要有以下几种分析范式。

一、展望理论（Prospect Theory）

预期理论主要解释的是传统理论中的理性选择和现实情况相背离的现象，由 Kahneman 和 Tverskey 共同提出，并在其后得到了不断的补充和修正。其主要理念是，由于有限理性的存在，人们的选择往往受到个人偏好、社会规范、观念习惯、文化背景的影响，因而在决策中具有明显的不确定性。

（一）锚定效应（Anchoring Effect）

投资者投资时判断效用的依据常为一个心理参考点，以判断行为的收益与损失，并以此点来决定行为者对风险的态度，从而作出投资决策。在参考点上，人们更重视预期与结果的差距，而不是结果本身，此种现象被称为锚定效应。决策参考点的存在，使预期具有不确定性和不稳定性，在很多时候，由此种预期所产生的非理性行为偏离了传统金融模型。

（二）损失规避（Loss Aversion）

大量实验研究证明，对同样的价值，人们对所失的感觉要比所得强烈得多。因为在不确定的条件下，人们的偏好是由财富的增量而不是总量决定的，所以人们对于损失的敏感度要高于收益，这种现象称作损失规避，它解释了人们决策和行为与数量模型的偏差。损失规避程度依赖于对参考点的认同感，考虑到对参考标准的偏离都会导致出现一种认同感，那么损失规避再权衡对于是否做出改变目前状态的决策就发挥了重要作用。

（三）禀赋效应（Endowment Effect）

禀赋效应也称为“安于现状偏见”，是指多数人对自己所拥有的物品要价远远高于他们想买入的物品价格的一种现象。这种现象在很多实验中已经得到确认。禀赋效应是由两个心理账户中损失规避所造成的。

（四）后悔规避（Regret Aversion）

后悔规避是一种更为严重的行为异象，是行为人为了避免后悔和失望不做任何错误决定。由于错误决策导致的后果所造成的负面效果远比不做什么带来的损害要大，所以当人们需要在不确定情形下做出决策选择时，会采取被动而不是主动的态度，即按照老办法行事。

（五）框架效应（Framing）

人们面对决策时，不仅考虑行为的预期效用，也会受到问题的框架影响，也就是说，问题以何种方式呈现在行为人面前，会在一定程度上影响人们对于风险的态度。面对同样预期效用的确定性收益与风险性收益，如果行为方案是收益的，行为人会选择确定性收益，即呈现出一种风险规避；然而，面对同样预期效用的确定性损失和风险损失，如果行为方案是损失的，行为人会选择风险损失，即呈现一种风险爱好。

二、套利限制（Limits of Arbitrage）

套利限制是行为金融学对传统金融理论提出怀疑和修正的重要工具。套利是现代有效资本市场理论的一个决定性假设：第一，如果还存在很多非理性交易者，理性的交易者能够正确评估证券的价格；第二，如果非理性交易者的非理性行为相互抵消，则不会影响资产的价格；第三，即使交易者的非理性行为并非随机而是具有同向性，由于套利的存在，会消除对价格的影响。理性的交易者被称为套利者，非理性交易者被称为噪声交易者。行为金融学不认为套利者会立即抓住市场出现的套利机会，使市场价格得到矫正，因为矫正价格的策略可能会受到很多的限制或面临很大的风险，使这种套利机会不再具有吸引力，因此误价很可能会长期保持下去，Shleifer 和 Vishny 把此现象称为“套利限制”。具体来说，套利者会面临以下几种风险：

第一，基本面风险。基本面风险是指基本经济因素发生变化的风险。假设当股票价格低于预期红利的折现值，交易者会选择买入股票，这时他必须要承担红利不理想的风险，这就是基础性风险。由于厌恶该风险，套利者会限制买入量。

第二，噪声交易者风险。噪声交易者风险是指套利者为了利用误价反而在短期内提高了误价的风险。噪声交易者风险很重要，原因在于现实中很多套利者的目光短浅。

第三，履约成本。套利者利用误价进行套利不可避免要卖空或买空证券，如果一旦出现判断失误或债券难以补仓或平仓，则需要付出履约成本。另外，履约成本还包括套利者在执行策略时要支付的交易费用等。

第四，模型风险。套利可能受到限制的一个确定的原因是，即使误价存在，套利者也常常无法确信套利机会是否存在。即使定价模型显示了套利机会的出现，套利者也无法确信，因为模型可能是错的。萨默斯（1996）对股票价格偏离基本价值的部分作了时间序列分析，发现基本价格分布近似呈现一种随机游走，因此即使这种偏离程度很大，套利者也很难将其判断出来。

三、其他决策行为的理论

（一）心智会计账户核算（Mental Accounting）

行为人进行决策时，并不是权衡了全局的各种情况进行考量，而是无意识地把一项决策分成几个部分来看，也就是说，分成了几个心智账户。根据这一概念，行为人在心智中不仅要对所有项目的总量和结果保留心智账户，而且对它们各自的计划也都有分类账。当人们对事情进行权衡时，会特别集中于一个账户，与其他责任和账户的关系常常会被忽略掉。Shefrin 和 Statman 认为，普通投资者会将自己的投资组合分成两部分：一部分是风险低的安全投资，另一部分是风险较高但可能使自己更富有的投资。这是由于人们都有既想避免损失又想变得富有的心态，因此，人们会把两个心理账户分别开来，一个用来“规避贫穷”，另一个用来“一朝致富”。这也就从另一个角度解释了行为者在有些情况下的非理性行为。

（二）易获得性偏误（Availability）

易获得性偏误是指假如某件事情让人比较容易联想到，行为者可能便误以为这个事件经常发生；相反，如果某类事件不太容易让人联想到，在人的记忆中相关信息不丰富、不明确，行为者就会在不自觉的情况下低估该类事件发生的概率。由此看来，行为人在决策时受社会化影响的程度是不可避免的。

（三）过度自信（Overconfidence）

许多心理学研究成果显示人们倾向于对自己的判断过分自信，尤其是专业人士通常夸大自己的知识和能力，具体表现为：当他们主观上“希望”出现某种结果时，他们会将这个结果出现的概率夸大为必然事件；反之则相反。过度自信衍生出来几个心理现象：一是自我评价过高；二是对事物发展过于乐观；三是扭曲的自我解释；四是存在“事后诸葛亮”现象。Forsythe 等在实验金融市场发现，“偏执偏差”使投资者执着于不成功的投资交易策略。

（四）羊群行为（Herd Behaviors）

羊群行为是指投资者在信息环境不确定的情况下，行为受到其他投资者的影响，模仿他人决策或者过度依赖舆论而不考虑信息的行为。关于羊群行为比较有代表性的观点是 Froot、Scharfstein 和 Stein（1994）提出的。他们认为，机构投资者具有高度的同质性，通常关注同样的市场信息，采用相似的经济模型、信息处理技术、策略组合及对冲策略，因此可能对盈亏预警或证券分析师的建议等相同的外部信息做出相似的反应，在交易活动中表现出羊群行为。在处理一些突发事件的过程中，这种从众的跟风行为的非理性会达到一个相当高的程度，人们的预期会造成大量的误价。研究发现，投资基金经理们在投资的过程中同样表现出羊群行为。

（五）反应过度（Over-reaction）与反应不足（Under-reaction）

投资者对股价的预测是建立在市场信息的基础上的，行为金融学的研究发现，投资者在判断股票市场价格走势时，经常出现反应过度和反应不足两种行为偏差。反应过度是指投资者在对未来事件的预测中过分注重新信息；反应不足是指市场对公司公开的信息持有怀疑态度，对新信息重视程度太低，导致价格随时间慢慢调整。投资者的反应过度可能是由典型示范等思维方式引起的，而反应不足可能是投资者的过分自信和锚定效应引起的。

国内对于行为金融理论在股票市场的理论与实证研究已经较为丰富。国内对投资者决策行为的研究主要分为以下四种类型：一是重点研究国家政策

对投资者决策行为的影响，认为政策因素是导致股市异常波动的首要因素，因而政策与投资者决策行为有较强的相关性，这类研究主要包括施东晖（2001）、王垒和郑小平（2003）等。二是通过分析股票价格的波动，来检验心理因素是否对投资者决策行为产生影响，结果表明，心理因素对投资者决策行为有着重要的影响，且投资者在投资决策中存在着诸多认知偏差，如李心丹、王冀宁和傅浩（2002），章融和金雪军（2003）等。三是运用计量方法对证券市场收益进行分析，判断是否存在投资者的羊群行为，如宋军和吴冲锋（2001）、常志平和蒋馥（2002）、施东晖（2001）、宋军（2002）、关静等（2004）。这些研究表明，在上涨行情中不存在羊群行为，但在下跌行情中存在，而且证券投资基金在股票交易行为中存在明显的羊群行为。四是中国投资者的行为投资策略研究，如曾康霖（2003）等。这类研究主要利用投资者的各种认知偏差和市场表现出来的价格波动异常现象制定反向的投资策略以获取超额收益①。

综上所述，国内关于债券定价的研究不少，但主要都是关于完全理性预期行为下的债券定价；国内关于行为金融的理论与实证研究也很多，不过都集中于股票市场，既考虑债券定价又考虑主体行为的研究几乎没有。因此，对这一领域的研究具有较好的创新意义。

第三节 基本框架与内容

本书共分为八个部分，主要包括：

第一章，主要介绍本书研究的问题和相关背景，说明研究目标和研究方案，对整个研究框架进行大致描述。

① 具体来说，在行为金融理论的指导下，利用数学工具和电脑程序来选股和操作。例如，根据反转效应寻找长期超跌的股票，构建投资组合。投资策略包括：利用反应不足的中小盘成长股策略、利用过度反应的小盘价值型股票策略、有反应不足效应的成长型和有过度反应效应的价值型的袖珍股策略。

第二章，对国外的债券定价理论进行综述，并列出中国债券定价中存在的种种现象，并采用心理实验的方法证明国内债券市场定价偏离。

第三章，引入金融生态的概念分析债券市场，对主要的生态要素市场体系、市场主体、制度环境等进行研究，并提出进一步改善债券市场的金融生态，推动市场价格发行机制的形成。

第四章，根据第二、三章的内容，以心理实验的数据为样本，运用 Logit 建模方法，建立定价偏离度检验模型，分别对发行市场、交易市场的各行为因子进行偏离度实证检验，得到影响债券定价的主要行为因子，并提出减弱定价偏离的对策。

第五章，根据第四章的实证研究结果，管理主体——中央银行公开市场操作是影响主体定价最直接的行为因子，该章进一步对中央银行公开市场操作的有效性和对市场定价的影响进行深入实证分析，进而提出缓解主体定价偏离的行为。

第六章，根据第四章的研究结果，重点对发行主体——财政部和国家开发银行在发行市场的行为进行对比实证检验，进而提出提高定价准确度和发行效率的有关对策。

第七章，根据第四章的研究结果，针对交易主体中普遍存在的圈子效应和同质效应分别进行统计实证研究，并在考虑圈子效应或同质效应的前提下，对债券定价模型进行修正，同时对圈子效应和同质效应出现的根源进行探悉，给出逐步减弱圈子效应和同质效应的对策。

第八章，主要对全书的研究结论进行总结，提出改善主体行为有效性的对策和建议。

本书的研究框架如图 1-1 所示。

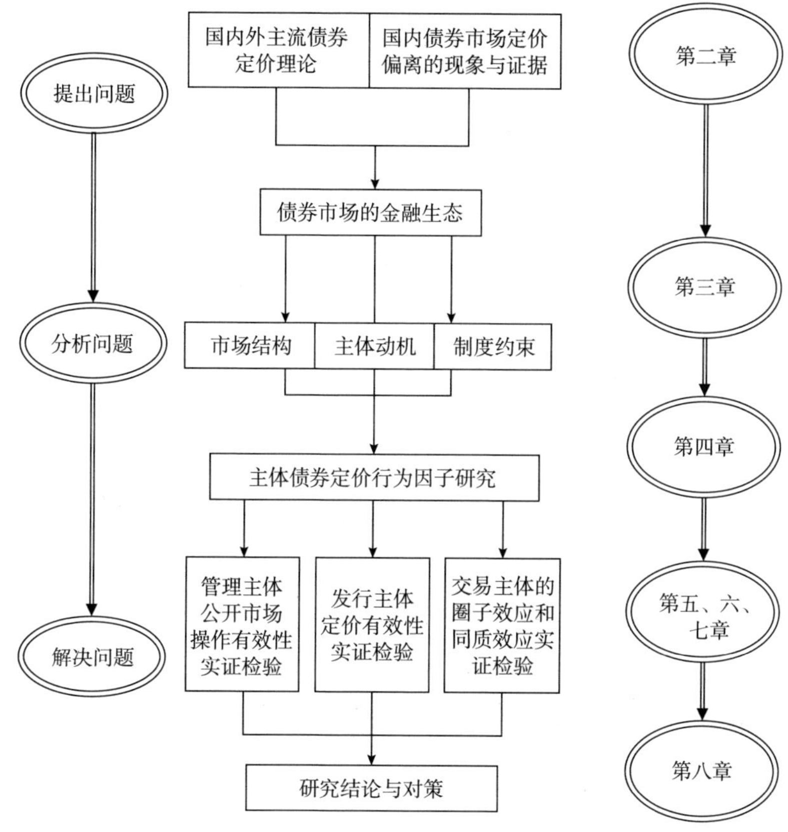

图 1-1　本书的研究框架

第四节　研究方法

在研究过程中，本书主要采用了以下三种研究方法：

一是多学科相结合的方法。除了运用传统的经济学及金融学知识外，还对投资交易主体进行心理实验研究，主要借鉴了行为金融理论的内容，尤其是问卷的设计方面；运用生态学知识研究解释债券市场各要素及其关系及对主体行为的影响；此外，还运用制度变迁理论对债券市场的演进进行分析。

二是定性分析与定量分析相结合的方法。除了对债券定价偏离的现象、导致这一偏离的原因进行定性分析之外，还对定价偏离进行统计实证分析，并利用心理实验的数据建立了 Logit 模型；在此基础上，在考虑圈子效应的前提下，对债券定价模型进行了定量修正。

三是实证研究与心理实验相结合的方法。本书不仅对银行间的债券定价偏离及中央银行公开市场操作对市场利率的影响进行统计实证研究，还精心设计了心理实验题来对主体的投资心理进行刻画，从而能够更加全面、细致地考察其定价偏离的行为。

第五节　创新与不足

本书运用了行为金融学理论对债券市场的主体定价行为进行研究，并提出了一些创新性的理论观点，主要有以下三个方面：

第一，本书运用行为金融学理论考察了债券市场的定价偏离行为，并且从管理主体、发行主体、交易主体的行为角度来考察导致这一偏离行为的原因，研究视角和研究方法都有较大创新。

第二，运用心理实验，通过采用 Logit 模型估计的方法，对影响债券定价的主体行为因子变量进行定价偏离度实证检验，分别查找出了债券发行市场和交易市场三个最主要的行为因子，为修正债券定价模型并应用到实际工作中奠定了基础。

第三，提出了银行间市场存在的圈子效应和同质效应，并加以学术研究。在剖析圈子效应在银行间市场现阶段发挥着重要作用的基础上，形成了圈子效应定价模型，为工作实践中实行差别化定价提供了理论支持。在剖析同质效应造成利率期间结构人为分割的基础上，形成了同质效应定价模型，也具有很强的现实应用价值。

鉴于本书受研究的时间和笔者精力、能力的限制，以及受债券交易、金融数据保密性和公开程度的限制，本书研究的深度与实用程度与笔者的设想尚有差距和不足。笔者拟将本书的有关研究点进行深入研究，主要集中在以下两个方面：

（1）本书虽然提出了银行间债券市场的圈子效应和同质效应，并采用统计实证方法证明了其存在，还对定价模型进行了修正，但还需要进一步做深入的研究。对圈子效应和同质效应的刻画需要更多的数据支持，而且需要更长期的观察、积累和实践。

（2）本书虽然从金融生态环境考察了主体行为，但是笔者认为，源远流长的文化和道德传统同样是产生主体行为非常重要的因素，因此有必要从中国文化以及道德观念的变迁角度对主体行为作进一步的研究。

第二章　中国债券定价偏离的现象与证据

债券定价①是所有债券市场机构所面临的一个关键难题。国内机构一直以来都是以国外的主流债券定价理论为依据，但依据主流定价理论得出的债券价格与实际交易价格往往出现较大偏离。本章首先对国外的主流债券定价理论进行简要综述，然后在实验的基础上对我国债券市场定价偏离的现象与证据进行总结分析。

第一节　利率期限结构

债券定价是一个十分复杂的难题，这主要是因为，和息票债券相关的不只是和息票债券期限相同的那个期限的利率水平相关，而是和整个利率期限结构相关②。正是由于利率期限结构对债券以及衍生产品定价的基准作用，

① 虽然固息债券通过收益率招标发行时的定价以票面利率为对象，但是为了统一表达，这里的价格指绝对价格，而非收益率，下同。

② 以固息债券为例，债券定价的公式为 $P = \sum_{t=1}^{T} C/(1+i_t)^t + F/(1+i_T)^T$，$t=(1, 2, \cdots, T)$，债券的价格除了与债券的面值（$F$）、期限（$T$）、每一期（一般为一年）票息（$C$）有关之外，还主要与每一期票息到期的即期利率（$i_t$）有关。前面三个因素均为已知，因此债券定价的难点即在于确定 i_t，而 i_t 则取决于整个市场的利率期限结构。因此，对债券的定价归根结底还是在于对利率期限结构（即收益率曲线）的估计。

所以对利率期限结构的估计一直是金融学领域一个十分基础性的研究问题。在美国等发达经济体，对利率期限结构的研究一直是金融学领域的一个研究重点，而且研究的方法和考虑因素也日益复杂，理论假设越来越接近于现实。

一、利率期限结构的形态

在期限长短方面存在差异的债券收益率与期限之间的关系称为利率期限结构，在图形上表示为在某一时点由不同期限的利率所构成的一条曲线，称为收益率曲线。

1. 递增形态

曲线向上倾斜，随着期限的加大，利率逐渐上升，如图2-1所示，这种形状的收益率曲线被称为“正向收益率曲线”。

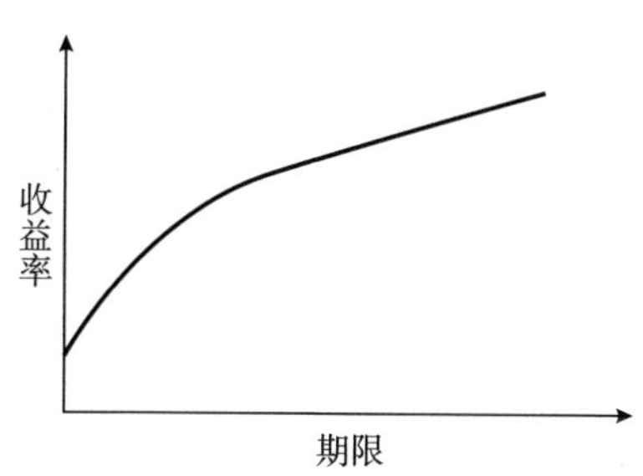

图2-1 正向收益率曲线

2. 递减形态

曲线向下倾斜，随着期限的加大，利率逐渐下降，如图2-2所示，这种形状的收益率曲线被称为“反向收益率曲线”。

3. 驼峰形态和蝶形形态

曲线呈现“驼峰式”，利率在期限较短和较长的两端低，在期限居中时较高，如图2-3所示；或曲线倒置，呈现蝶形，在期限较短和较长的两端高，在期限居中时较低，如图2-4所示。

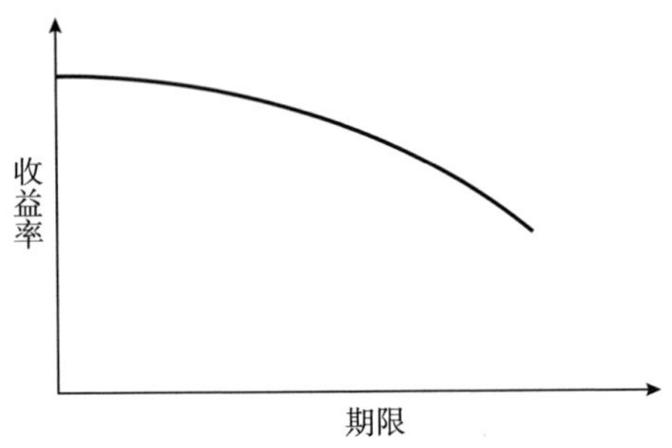

图 2-2　反向收益率曲线

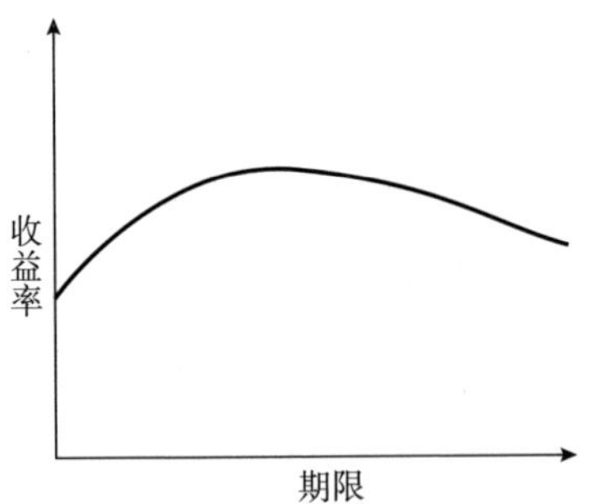

图 2-3　“驼峰式”收益率曲线

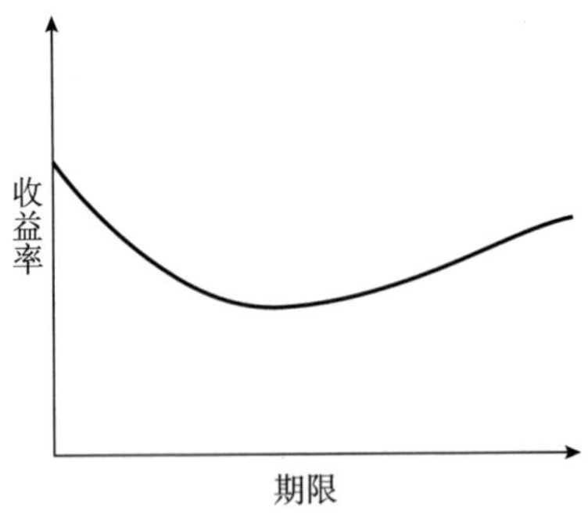

图 2-4　蝶形收益率曲线

4. 平坦形态

曲线呈水平状，利率不随期限长短而变化，如图 2-5 所示。

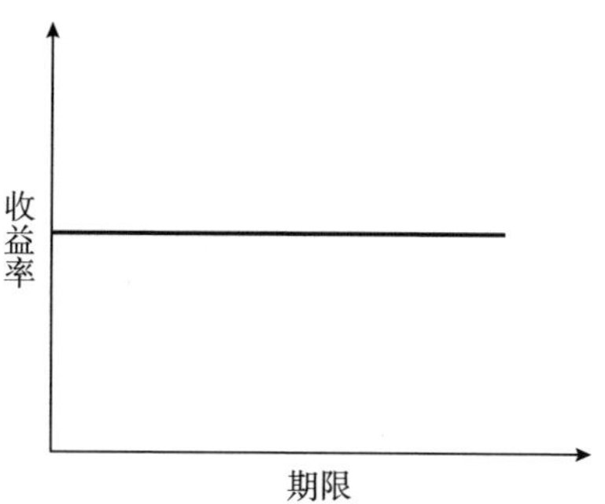

图 2-5　平坦形收益率曲线

二、利率期限结构的动态变化

利率期限结构是一个静态的时点概念，从动态角度讲，在不同的时点由于收益率是不断变化的，所以表现在图形上曲线是在不断进行变动的，收益率曲线的变动一般有三种变动形态：

1. 平行移动

在一段时间内收益率曲线整体平行向上移动或向下移动，曲线形态基本保持不变或变化不大，如图 2-6 所示。

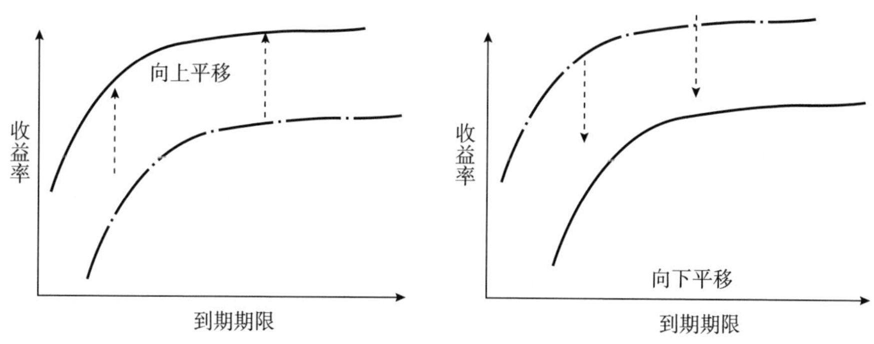

图 2-6　平行移动

2. 曲线扭动

在一段时间内收益率曲线以一端为轴心进行扭动，如图 2-7 所示。

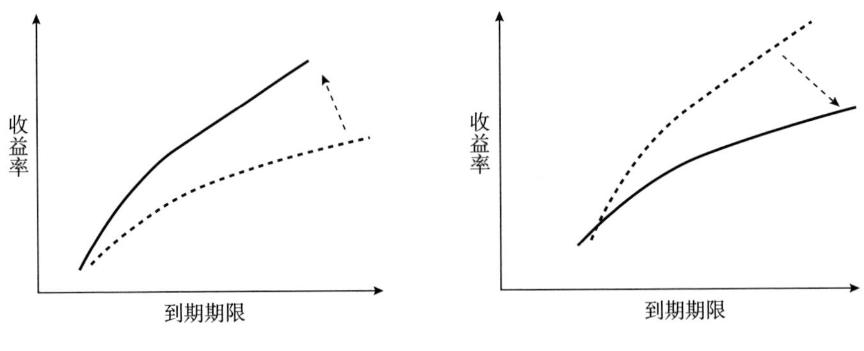

图 2-7　曲线扭动

3. 蝶形变动

在一段时间内收益率曲线短期和长期端不变，中期段向上变动或向下变动，如图 2-8 所示。

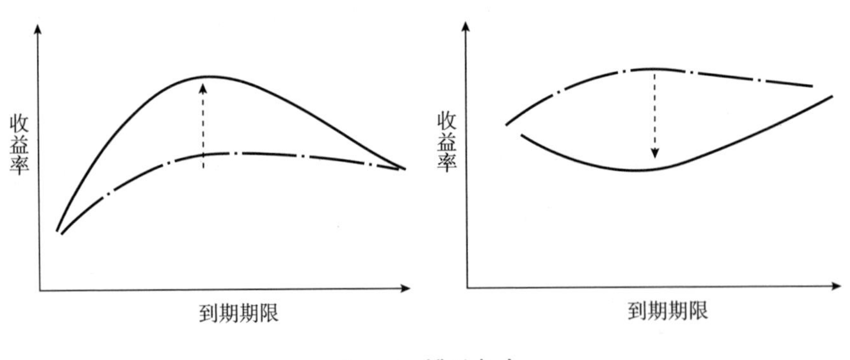

图 2-8　蝶形变动

三、收益率曲线的作用

（1）收益率曲线提供了利率基准，便于进行债券定价。通过收益率曲线市场主体可以方便地确定不同期限品种的利率水准，并相应地确定出该期限品种的债券价格。同时，国债收益率曲线是所有信用程度不同的债券产品的基准利率曲线，通过国债收益率曲线，在考虑信用风险溢价的基础上，可以确定出某类信用的溢价水平，进而确定出该类信用产品的价格。

（2）通过收益率曲线可以预测利率变动趋势，为市场主体提供运作方向

和信息。收益率曲线的形状为投资者提供了预测未来利率走势的方法。收益率曲线向上倾斜，提供了未来利率水平较高的信息，从而显示未来债券价格下跌的趋势；曲线形状向下倾斜，则提供了未来利率较低的信息，显示未来债券价格上升的趋势。收益率曲线的动态变动趋势更能反映市场变动的趋势，无论是管理主体、发行主体还是投资交易主体，都可以根据收益率曲线提供的变动趋势信号进行相应的决策和运作。

（3）通过收益率曲线可以测量理论利率与实际利率水平的偏离度，便于进行市场套利。收益率曲线反映市场交易的真实利率，市场交易利率是价值利率和市场情绪波动的综合利率，通过收益率曲线，市场参与者可以及时发现由于情绪波动带来的利率偏离度，及时抓住市场机会进行套利。

（4）运用收益率曲线，为投资者资产配置提供依据。收益率曲线反映了期限和利率的关系，投资者可以根据不同期限的利率水平，选择可投资的期限品种，并根据偏好、需要和市场利率变动情况，调整资产组合的久期，特别是可以根据负债的期限成本结构直接进行期限匹配，获取稳定的利差收益。

（5）收益率曲线为评估资产风险、加强资产组合风险管理提供了依据。市场债券品种很多，一方面债券的剩余期限在不断缩短，另一方面流动性及市场情绪波动造成债券价格不合理或没有成交价格，给债券资产估计带来很大的难度。债券通过收益率曲线可以确定任何期限品种的收益率水平，风险管理部门可以轻松地对资产组合进行市值评估，特别是可以根据收益率曲线的变动情况进行风险值测量和风险程度评估，提出资产组合风险管理的方案。

第二节 国内外主流债券定价模型述评

一、国外主流债券定价模型的综述

（一）传统的利率期限结构理论及实证检验

传统的利率期限结构理论是指20世纪70年代末实行利率市场化政策以前

形成的理论，主要是从定性的角度讨论市场上存在的利率期限结构的形状及其形成原因、所代表的含义。具体包括以下三种不同的理论：

1. 预期理论

预期理论（Expectation Hypothesis）首先由费雪（I. Fisher）于 1896 年提出，并由希克斯（J. R. Hicks）和卢茨（F. Lutz）等发展和完善起来，其核心思想是远期利率等于市场整体对未来短期利率的预期，即：

$$R_n=\sqrt[n]{(1+r_1)(1+r_2)\cdots(1+r_n)}-1$$

其中，R_n 为长期利率；n 为其年限；r_1 为目前短期利率；r_2，…，r_n 为将来（从第二年开始）预期的每年短期利率。

预期理论最直接的经济含义就是当期利率期限结构代表了对未来利率变动的一种预期。它包含以下四个假设前提：①投资者对债券的期限没有偏好，投资行为完全取决于预期收益；②所有市场参与者都有相同的预期；③不同期限的债券之间可以完全替代；④金融市场完全竞争。在这些假设前提下，债券市场就会通过投资者在不同期限的债券之间的选择和竞争达到均衡。在这个均衡下，相同期限内不同投资方式所获得的预期收益率应该是相同的。然而，这些假设前提明显不符合现实，而且预期理论忽视了风险因素，因而也大大限制了该理论在实践当中的运用价值。

2. 市场分割理论

市场分割理论（Market Segmentation Theory）认为，不同的国债持有者和发行者由于受到法律、偏好或风俗习惯等的影响而偏向于某一特定期限的国债，而期限不同的债券市场则完全分离和独立，每一种债券的利率水平在各自的市场上，由对该种债券的供给和需求决定，不受其他期限债券的影响。由于不同市场之间的差异以及投资者面临的众多投资限制，如风险水平的限制、头寸的限制等，他们不会轻易地离开原先的市场而进入一个不同的市场，从而导致了不同市场之间的利率差异。

市场分割理论的假设同样过于严格：①投资者对不同期限的债券有不同的偏好，只关心他所偏好的那种债券的预期收益水平；②投资者对投资组合的调整有一定的局限性；③期限不同的债券是完全不可替代的；④投资者是理性

的。这一理论隐含的政策含义为，中央银行可通过改变短期和长期国债的供求来影响短期和长期利率水平，但不能通过单方面改变短期国债的供求来影响长期利率，这明显不符合现实。此外，市场分割理论否认预期和流动性偏好对利率期限结构的影响，因而是不正确的，其有效性也得不到充分的论证。

3. 流动性偏好理论

流动性偏好理论（Liquidity Preference Theory）是对市场预期假设和市场分割假设的综合和发展，它既考虑了投资者的投资偏好，也考虑了不同债券之间的替代性。该理论由凯恩斯（J. M. Keynes）最早提出，由希克斯加以完善，认为风险规避因素将影响利率期限结构。随后，豪根（R. A. Haugen）、米凯塞森（B. Michaselsen）、考夫曼（G. G. Kaufman）等又从不同角度发展了流动性偏好理论。

流动性偏好理论很明显是预期理论和市场分割理论的综合，这一点从它的假设前提就可以明确地看出来：①投资者具有一定的债券偏好，但会受到其他债券的影响，如果其他债券的收益上升，则对此债券的偏好就可能被抵消；②不同债券之间具有一定的可替代性，一种债券的预期收益率会影响到其他债券的预期收益率，但是不是完全替代的；③投资者具有偏好短期债券的倾向，因为他们认为这些投资可以更早地获得需要的资金，同时认为如果投资于较短期的证券，他们将面临较小的利率风险；④为了吸引投资者投资于长期债券，必须有一个正的时间溢价作为补偿，这个溢价就是流动性溢酬。

流动性偏好利率结构理论的核心是，长期利率等于现在短期利率和预期未来短期利率及相关的流动性溢酬的几何均数，即：

$$(1+R_n)^n=(1+r_1)(1+r_2+L_1)(1+r_3+L_2)\cdots(1+r_n+L_{n-1})$$

其中，L_1，L_2，…，L_{n-1} 为未来各时期的流动性报酬。流动性偏好理论认为风险与收益具有正相关关系，说明了短期国债利率和长期国债利率间的利差（即流动性报酬）是风险和机会成本的补偿。流动性偏好理论结合前面两种理论的优点，因而更能有效地解释利率期限结构的形状，但是它也有较大的局限：一是难以获得准确的流动溢价；二是没有充分的理由认为流动溢价是固定不变的，而且流动性溢价可能产生种种影响进而混淆了试图从期限结构中抽象出预期值的尝试。

4. 对传统利率期限结构理论的实证检验

传统利率期限结构理论提出来以后，有很多学者对这些理论进行了实证检验，由于预期理论是最基本的理论，因此，绝大多数的实证研究都以预期理论为基础，并考虑流动性溢酬假设。

Cargill（1975）利用英国的资料对利率期限结构的预期假设进行了实证分析，并拒绝了预期理论。他得出结论认为，流动性溢酬的不断变动是预期理论无法得到验证的主要原因。

Lee（1989）利用广义矩方法对预期理论的非线性关系进行了分析，认为随时间推移而变化的风险溢酬和异方差对分析“二战”后美国的债券市场十分重要。

Culbertson（1957）对流动性溢酬等影响利率期限结构的因素进行了分析，发现预期理论不能解释美国“二战”后资料。

Campbell（1986a）对利率期限结构进行了线性估计，并证明了不同形式的预期理论在常数的风险溢酬条件下可以同时成立，从而就解决了 Cox、Ingersoll 和 Ross（1981）所提出的不同形式的预期理论在风险溢酬为 0 时互相矛盾的问题。这个模型在利率波动不大时可以比较好地拟合数据，但如果利率的波动率很大，则模型表现很差。其主要原因是它是一阶泰勒估计，忽略了二阶问题。

Campbell 和 Shiller（1984）分析了长短期利率差距对未来利率变动的预期能力，并发现了一些与预期理论不符的现象。一个大的长短期利率差距预期未来利率的上升，这与预期理论一致；但是同时，大的长短期利率差距也预期长期债券收益率相对于短期债券收益率随时间推移而下降，这与预期理论不一致。他认为发生这种现象的原因是流动性溢酬随时间推移而变化。

Mankiw 和 Miron（1986）通过将历史资料划分成不同的区域，对利率期限结构的预期理论进行了实证检验。通过划分成不同的时间区域，也可以对中央银行的利率政策进行分析。实证研究结果表明，在 1915 年以前，预期理论在某种程度上成立，1915 年以后，市场预期假设不再成立，短期利率服从随机游走过程。但是，这篇文章使用的资料仅包括三个月以及六个月的资料，没有使用远期资料，所以所得的结论受到限制。

Bekaert、Hodrick 和 Marshall（1997）对预期理论回归模型中的小样本偏误问题进行了分析，研究表明小样本时间序列可以导致估计的偏误。此外，该文章主要分析了 Campbell 和 Shiner（1991）的计量分析方法。经过偏误调整之后，预期理论可以被拒绝。

McCowni（2001）利用 8 个国家的数据对利率期限结构形状和股票市场收益之间的相关性进行了分析。实证结果表明，当利率期限结果倒转时，3 个国家出现负风险溢酬；而且，如果美国和德国的利率期限结构倒转，其他国家会出现负的风险溢酬，从而证实了一个世界性风险因子的存在。

Froot（1989）根据市场调查资料对预期理论在估计未来利率的有效性进行了实证分析。实证分析结果表明，预期理论在短期内无效，在长期内具有一定的估计能力。实证结果还表明，长期利率对短期和远期反应过度。通过将预测误差分解成流动性溢酬以及一个估计误差可知，随时间推移而变化的流动性溢酬是造成短期偏误的最主要原因；对长期而言，过度反应也很重要。但是该文章根据的是市场的调查资料，而不是交易资料，所以由于样本的问题可能存在系统性偏误。

综上所述，实证检验的结果表明：市场分割理论逐渐被人们所遗忘，因为随着市场的发展、技术的进步、市场交易规模的扩大，市场已经逐渐形成一个统一的整体；预期理论如果没有同流动性溢酬相结合，都会被市场所拒绝，而且流动性溢酬呈现出不断变化的特征。

总之，由于传统的利率期限结构理论都仅是从定性的角度讨论市场上存在的利率期限结构的形状及其形成的原因、所代表的含义，已不能适应金融市场的快速发展，更不能用来分析金融市场的微观结构，指导衍生产品定价、规避利率风险。现代的利率期限结构理论就是在这种背景下产生的。

（二）现代的利率期限结构理论

国外研究利率期限结构的文献很多，从不同角度提出了不少利率期限结构模型，同时也进行了大量的实证研究。现代利率期限结构理论将期限结构视为一种随机过程，认为大量的不确定性因素，如经济、政治、政策和法律、自然因素等时刻影响着期限结构。合理的期限结构模型应是一种与时间有关的随机函数模型，被称为随机期限结构（Stochastic Term Structure），包括离散时间模型和连续时间模型两种基本类型。

1. 离散时间模型

恩格尔（Engle）在 1982 年提出的自回归条件异方差模型（ARCH Models）及后来的各种推广模型是近代计量经济学中的一类重要而且实用的离散时间模型。其假定模型的预测误差 $\{\varepsilon_t\}$ 为某实值离散时间随机过程，记 ψ_t 为截至时刻 t 的所有信息的信息集合（即 δ 一域），且有：

$$\varepsilon_t = z_t h_t^{\frac{1}{2}},\ z_t \sim \text{i. i. d.}$$

$$E(z_t)=0,\ \text{VAR}(z_t)=1$$

$$h_t = h(\varepsilon_{t-1}^2,\ \varepsilon_{t-2}^2,\ \cdots,\ a)$$

其中，h_t 是给定信息集合 ψ_t 时 ε_t 的条件方差，a 为方差参数向量。在某给定的模型中，ε_t 通常是某随机过程 y_t 的随机扰动，即：

$$y_t = g(x_t,\ b) + \varepsilon_t$$

其中，x_t 是外生变量和 y_t 的时滞组成的向量，b 是均值参数向量。Bollerslev（1986）的 GARCH 模型（General ARCH Model）是对 Engle（1982）的 ARCH 模型的推广和修改。此外，还有 EGARCH 模型、AGARCH 模型和 ARCH 非参数模型，这些模型统称为 ARCH 类模型（ARCH Family Models）。其中，GARCH 模型和 ARCH 模型的不同之处在于前者把时刻 t 之前的条件异方差作为独立的自变量引入条件方差的函数 h，即：

$$h_t = a_0 + \sum_{i=1}^{q} a_i \varepsilon_{t-i}^2 + \sum_{i=1}^{p} \beta_i h_{t-i} = a_0 + A(1)\varepsilon_t^2 + B(1)h$$

其中，$p \geqslant 0$，$q > 0$；$a_0 > 0$，$a_i > 0$（$i=1,\ 2,\ \cdots,\ q$），$\beta_i \geqslant 0$（$i=1,\ 2,\ \cdots,\ p$）。GARCH 模型的未知参数的估计方法以及模型异方差性质的假设检验均与 ARCH 模型所采用的方法类似。

ARCH 类模型在分析利率数据序列方面有着广泛的应用。Engle、Lilien 和 Robins（1987）用 ARCH（12）模型描述美国六月期国债对三月期国债超额持有时间序列的规律；Park 和 Bera（1987）把 ARCH（1）模型应用于短期抵押利率和远期利率的风险最小化套期比率的估计；Bollerslev、Engle 和 Wooldrige（1988）把三因素的 GARCH（1，1）模型应用于具有时变协方差的资产定价模型，该模型假设资金市场上只有短期国债、长期国债和股票三种金融产品；Engle、Ng 和 Rothschild（1990）用单因素和双因素 ARCH 模型研究短期借贷的定价问题。

2. 连续时间模型

连续时间模型分为均衡模型和无套利模型两种。前者是基于流动性偏好理论建立起来的，后者则是根据预期理论推导得出的。

（1）均衡模型。

均衡模型首先对经济变量的动态过程作出具体的假定，然后给出在这种假定下利率期限结构所应遵循的变化方式。在均衡模型中风险的市场价格是由外部确定的。虽然在实务当中较少直接使用均衡模型，但它能够提供利率变化的经济动因，为套利模型打下理论基础。较著名的均衡模型有 Merton 模型、Vasicek 模型、Brennan-Schwartz 模型、Schaefer-Schwartz 模型以及 Longstaff-Schwartz 模型。下面主要对两个主要的均衡模型做简单介绍：

①Vasicek 模型。

1977 年，Vasicek 在其论文《期限结构的一种均衡态势》中首次描述了其模型。在 Vasicek 模型中，短期利率 r 的风险中性过程是 $dr=a(b-r)dt+\sigma dz$，其中 a、b、δ 为常数。这个模型考虑了均值回归。短期利率以速率 a 拉向水平 b。这个额外的“拉力”是服从正态分布的随机项 σdz。Vasicek 模型给出其推导结论为：

$$R(t,\ T)=-\frac{1}{T-1}\ln A(t,\ T)\mathrm{d}t+\frac{1}{T-t}B(t-T)r(t)$$

其中，

$$B(t,\ T)=\frac{1-e^{-a(T-t)}}{a}$$

$$A(t,\ T)=\exp\left[\frac{(B(t,\ T)-T+t)(a^2b-\sigma^2/2)}{a^2}-\frac{\sigma^2B(t,\ T)^2}{4a}\right]$$

只要选择出 a、b、δ，整个利率期限结构就可以表示为 $r(t)$ 的函数，而且它的形状可以向上倾、向下倾或稍微隆起。

②Cox-Ingersoll-Ross 模型（CIR 模型）。

CIR 模型是一个持续竞争经济的一般均衡模型。在 Vasicek 模型中，在未来某时刻的短期利率 r 是正态分布的，可能为负。CIR 模型提出了利率总是为非负值的另一个模型。模型中 r 的风险中性过程是 $dr=a(b-r)dt+\sigma\sqrt{r}dz$，这与 Vasicek 模型有同样的均值回归漂移，但是随机项的标准差正比于$\sqrt{r}$，这意味着其标准差随着短期利率的上升而上升。在 CIR 模型中债券价格为 $P(t, T)=A(t, T)e^{-B(t,T)r}$，这也与 Vasicek 模型一样，但是 $A(t, T)$、$B(t, T)$ 函数不同。在 CIR 模型中，

$$B(t, T)=\frac{2(e^{-a(T-t)}-1)}{(r+a)(e^{-a(T-t)}-1)+2r}$$

$$A(t, T)=\left[\frac{2re^{(r+a)(T-t)/2}}{(r+a)(e^{-a(T-t)}-1)+2r}\right]^{2ab/\sigma^2}$$

其中，

$$r=\sqrt{a^2+2\sigma^2}$$

根据均衡模型中所设定的影响因子的多少，可将其分为单因素均衡模型和多因素均衡模型。早期模型大多数是单因素模型，后来的为多因素模型，除了把即期利率作为模型因素之外，还考虑了诸如远期利率、即期利率的均值或波动等其他因素。单因素模型和多因素模型都是从均衡分析框架下导出的。它们本身不会存在套利机会，否则市场就不是处于均衡状态。均衡模型中的参数可以从历史数据回归中得到。但是由于利率期限结构的行为方式是不断变化的，对历史数据拟合得较好的模型常常不能很好地拟合市场价格，尤其是在利率衍生品定价、曲线拟合与风险管理等领域需要能够精确拟合收益率曲线的模型，此时套利模型存在较大局限，无套利模型因此而产生。

（2）无套利模型。

无套利模型的主要思想是，当市场处于不均衡状态时，价格偏离了由供求关系所决定的价值，此时就出现了套利的机会；而套利力量将会推动市场重建

均衡，市场一旦恢复均衡，套利机会就会消失。市场的效率越高，重建均衡的速度就越快。无套利分析的意义在于认识到虽然在金融市场中各个市场参与者想法各异，尤其是各人的风险偏好很少一样，但只要出现套利机会，所有的市场参与者都会抓住机会去套取无风险利润。而套利机会消除后所确定的均衡价格，就与市场参与者的风险偏好无关了。因此，无套利分析的思路非常巧妙，其抓住了金融市场均衡的最为本质的特性，而这也恰恰就是无套利均衡比供需均衡所产生的市场推动力要强得多、重建市场均衡的速度也要快得多的原因。经典的无套利模型有 Ho-Lee 模型、Black—Derman-Toy 模型、Heath-Jarrow-Morton 模型以及 Hull-White 模型。下面对三种主要的模型作简单介绍：

①Ho-Lee 模型。

Ho 和 Lee 认识到，在 r（t）以随机游走方式运动时，只需允许 r（t）的漂移量可以随时间推移而改变，就能拟合任意一种形式的初始期限结构；现在的利率期限结构包含现时人们对利率预测的足够信息，因此，在没有套利机会的假设下，利率期限结构的变化只能反映出这些信息，因而其变化情况是可测的。模型的连续时间极限为 $dr=\theta(t)dt+\sigma dz$，其中短期利率的瞬态标准偏差 σ 是常数，而 $\theta(t)$ 是为了保证模型与初始期限结构一致而选择的时间函数。Ho-Lee 模型主要包括两个方面：首先是必须确定一个期限结构或相应贴现函数的初始状态，一般来说要求所选择的债券能够覆盖市场上大部分可得债券，并运用特定的函数形式，如指数形式；其次是利率变动的套利约束，利率期限结构被假设按照满足某种自然约束的方式进行变化。Ho-Lee 模型的缺点是没有考虑到短期利率的均值回归性，而且假定随机冲击对利率波动性的影响 σ 为常数，这与实证考察结果不符。

②Hul1-White 模型。

1990 年，Hull 和 White 探讨了 CIR 模型的拓展情况，并提出了一个精确地符合初始期限结构的模型。他们建议的 Vasicek 模型的一个拓展形式是 $dr=[\theta(t)-ar]dt+\sigma dz$，其中 a 和 σ 是常数，这就是通常意义上的 Hull-White 模型。与 Ho-Lee 模型一样，Hull-White 模型以速率 a 向均值回归。此外，Hull-White 模型与 Vasicek 模型类似，具有时间依赖回归水平：在 t 时刻，短期利率

以 a 的速度回归到 $\theta(t)/a$。Ho-Lee 模型是 $a=0$ 时的 Hull-White 模型的特例。

③Heath-Jarrow-Morton 模型（HJM 模型）。

作为 Ho-Lee 模型的拓展与推广，1992 年，Heath、Jarrow 和 Morton 在《债券定价及期限结构：一种新的方法》中提出用一种新的方法来对固定收益证券及其衍生品来进行定价。这是定价理论的一个突破。HJM 模型直接从远期利率期限结构的跨期波动特征入手，直接设定债券及相关衍生品在有效期限内的波动率函数结构，以整条收益率曲线作为状态变量，根据给定的初始远期利率曲线精确地拟合出各种远期曲线。HJM 模型的另一个优点是很容易从单因素推广到多因素。作为 Ho-Lee 模型的推广，HJM 模型的缺陷同样在于可能产生负利率或无穷大的利率。

除了上述无套利模型外，现阶段还出现了市场模型、无限维模型、随机跳跃过程模型，以及随机贴现因子模型。市场模型由 Jamshidian（1996）提出，采用 HJM 模型的一般方法框架，只不过是直接处理可观测的市场数据的模型，因而具有更广的用途。随机贴现因子理论是最近二十年发展起来的一种定价理论。这种定价方式不同于 Ho-Lee 模型，主要使用时间序列分析的方法，在描述随机贴现因子所满足的时间序列时，采用若干个状态变量（本身也是时间序列），且一般都假定状态变量间是具有一定的相关性的，这样做可以尽量使模型与其对应的经济含义联系更紧密；随机性体现在残差项上，由于一般假定残差项服从正态分布，所以相邻两期的贴现因子变化的可能性是无限多的，这与 Ho-Lee 模型不同，因此随机贴现因子模型是离散时间、连续状态的。它既可以被看作一种定价模型，因为它的提出首先是要确定贴现债券的价格，又可以被看作期限结构模型，因为从债券的价格很容易得到期限结构。

二、国内利率期限结构研究现状述评

尽管我国债券市场发展相对滞后，但市场利率期限结构一直以来都是国内的研究热点，不过由于国内利率市场化进展缓慢，国债市场发育不成熟，估计收益率曲线的难度颇大，大部分的研究都是对国外利率期限结构理论作介绍性描述。国内对利率期限结构的研究主要包括：庄东辰（1996）和宋淮松

（1997）分别运用非线性回归方程和一元线性回归方程对我国的零息债券收益率进行了分析，估计即期收益率曲线；杨大楷和杨勇（1997）以及杨大楷和王欢（1999）采用了一元线性回归方程和线性插值的方法对收益率曲线进行建模分析；姚长辉和梁跃军（1998）利用回归插补法和三次样条插值法构造国债收益率曲线；郑振龙和林海（2002）在附息债券价格信息基础上，采用息票剥离法和二次多项式样条函数来估计债券市场利率；陈典发（2002）对Vasicek 模型中参数和实际市场数据的一致性问题进行了研究，并探讨了其在公司融资决策中的应用，但没有考虑到融资期限长短所带来的流动性溢酬问题；谢赤和吴雄伟（2002）通过一个广义矩方法，使用中国货币市场的数据，对 Vasicek 模型和 CIR 模型进行了实证检验，实证结果表明，Vasicek 模型能够更好地说明中国货币市场利率的变动；唐齐鸣和高翔（2002）利用同业拆借市场的利率数据对预期理论进行了实证，结果表明，同业拆借利率基本上符合市场预期理论，即长短期利率的差可以作为未来利率变动的良好预测，但是短期利率也存在着一些过度反应的现象；李仲飞等（2002）对存在市场摩擦条件下的利率期限结构进行了研究，这些市场摩擦包括买卖价差、交易费以及税费等，在这些摩擦条件下，李仲飞等研究了市场满足无套利分析时利率期限结构所应该满足的条件；金斌和江晓东（2003）利用商业银行存款利率和国债回购利率，结合国债定价来得到交易所国债的利率期限结构；朱峰（2003）利用 Svensson 模型和 Fisher-Nychka-Zervos 模型来估计国债的即期收益率曲线；赵宇龄（2003）、朱世武和陈健恒（2003）对这些方法以及国外常用的几种收益率曲线构造方法进行了比较和探讨；另外，唐革榕和朱峰（2003）还从时间序列的角度，应用主成分分析法对我国国债即期收益率变化特征的影响因素进行了分析。

综上所述，国内对利率期限结构的研究还处于一个比较粗糙的阶段，所使用的方法也相对比较简单，没有形成一些一致性的观点和结论，而且许多研究都将息票债券的到期收益率曲线同零息票债券利率期限结构等同起来，用息票债券的到期收益率曲线直接替代利率期限结构，从而造成利率期限结构的错误分析和无效结论。

第三节　中国债券定价偏离的现象与证据

我国债券市场成立多年来，尽管参与机构众多、交易量巨大，但是始终未能形成一套完善合理的债券定价机制，加之缺乏基准收益率曲线作指导以及存在流动性失效等问题，债券市场价格偏离性非常明显。下面，笔者试图从以下两个方面对债券定价偏离的现象进行阐述。

一、定价模型失效的现象与理由

无论是发行市场，还是交易市场，依据各类债券模型得出的债券定价（理论价格），往往与实际价格发生偏离。换言之，对于中国债券市场主体而言，国内外主流的债券定价模型常常失效，而这可能使国内主体更加不愿意采用定价模型来进行定价。为了揭示这一问题，笔者罗列和总结了下列定价偏离现象。

（一）市场缺乏定价基准，个券定价难以套用数量模型进行精确测算

中国债券市场的交易品种以国债、中央银行票据和金融债券为主，其中，国债的流动性相对较好，但国债长期以来未能形成稳定的连续发行机制，交易价格缺乏连续性与稳定性，不能担当起定价基准的重任。中央银行票据价格的流动性和稳定性较好，但缺乏中长期品种，仅能起到货币市场定价基准的作用，对债券市场定价起不到决定性作用。金融债券本身蕴含信用利差，其性质决定金融债券价格不能成为市场基准。在市场缺乏权威定价基准的情况下，个券定价难以运用成熟市场的数量化模型进行精确测算，只能通过市场询价进行估算。市场信息的不对称性及交易双方谈判技巧与询价能力的差异性决定了市场成交价格必然存在一定的差异性。从债券市场历史成交价格记录可知，同一只债券，尤其是中长期金融债券，即使在市场比较平稳的情况下也经常会发生同一个交易日内不同交易价格的差别高达数角的情况，债券定价的差异性在历

史交易记录中得到了充分体现。

（二）债券市场“单边市”特征明显

在银行间债券交易市场中，尽管各类金融机构的交易活跃程度不一样，但一个非常明显的现象是，包括国有银行、股份制银行、城市商业银行、农村信用社等在内的银行类金融机构存在着同买同卖的同向现象，且当期的买入行为会导致随后的交易量增加，当期的卖出行为则会使随后的买、卖交易发生萎缩。这种现象不仅表明银行类机构具有类似的资产配置行为，而且也说明这个市场是个买涨卖跌的“单边市”。换言之，无论是金融机构私下进行的开放式回购交易，还是公开的买断式回购，总体上都无法对冲债券价格下跌的风险。“单边市”的特征在双边报价商的报价意愿上体现得非常明显：在市场比较活跃或预期上涨时，大多数双边报价商的行为一致体现为买的意愿，买入报价基本为真实报价，此时不愿意卖出，因而卖出报价与真实成交价偏离较大；在市场比较清淡或预期下跌时，此时主要为卖出的意愿，因而卖出报价为真实卖出成交价，相反因为不愿意买入而买入报价远远偏离成交价格。

（三）噪声交易占据市场较大份额，掩盖真实交易价格信息

据统计，2005 年以来，中国债券市场日均交易量已经超过百亿元。伴随市场流动性的改善，市场交易价格波动区间极大，价格信息较为混乱。究其原因，主要是债券交易中夹杂着大量的噪声交易，这些噪声交易主要由开放式回购、调整账务性交易以及其他协议性交易组成，其交易量可能高达市场总成交量的 80%以上。这些非真实性交易所产生的市场价格信息大量存在，在客观上掩盖了市场的真实交易价格信息，不利于向市场参与者准确提供市场信息从而进行精确的债券定价。比如，部分债券长期都鲜有成交，即使有成交的债券也与市场真实需求偏离较远。虽然银行间债券市场现券交易比较活跃，但是经常会有成交价格与市场需求背离较大的情况发生，如表 2-1 所示。显然，实际成交利率几乎就是票面利率，在当时市场最高收益率都不及 4%的背景下，上述债券的成交价格根本不是交易双方的真实意向，背后隐含的可能是代持债券买卖、开放式回购业务等。

表 2-1　噪声交易例子

债券名称	剩余期限	成交日期	成交利率	市场利率	偏离值
04 国债 03	3 年	4 月 26 日	4. 42%	2. 24%	218BP
04 国债 04	5 年	4 月 19 日	4. 02%	2. 55%	147BP

资料来源：笔者根据中国外汇交易中心本币交易系统交易行情整理。

（四）发行市场债券定价垄断性成分较强

大型市场机构由于资产规模、资金实力占据明显优势，能够通过交易规模影响定价，因此其在债券市场具有很强的影响定价的能力，特别是债券发行时大机构在认购规模上处于绝对优势，对债券价格的垄断性影响突出。如表 2-2 和表 2-3 所示，工、农、中、建四家大银行的中标数量能占据 40%的比重，特别是债券认购倍数越低，四大行和单一客户所占比例就越高，对债券价格的影响越大。另外，四大行的投资偏好对市场具有绝对影响，例如，在当时 3 个月央票利率 2. 10%的背景下，国债即便具有免税效应[①]，二者利差也不应该高达近 50 个 BP，而第七期 3 个月期限国债利率只有 1. 66%，数据显示，最大中标客户其数量占了总量的 20%，对债券价格的垄断性影响非常突出。

表 2-2　2006 年国债招标情况一览表　　　单位：亿元

项目	一期	二期	三期	四期	五期	六期	七期
期限	7 年	3 个月	10 年	3 年	5 年	7 年	3 个月
利率	2. 51%	1. 39%	2. 80%	2. 12%	2. 40%	2. 62%	1. 66%
最大中标量	75	28. 8	22. 3	53. 1	31	49. 1	50
工、农、中、建四家大银行中标量	123. 4	37. 9	36	118. 5	79. 3	95. 5	96. 6
实际招标总量	278. 5	279	290. 5	310. 5	299. 9	301. 8	251
实际投标总量	543. 7	920. 4	544. 9	594. 6	570. 9	535. 5	568. 8
最大单一客户所占比例	26. 93%	10. 32%	7. 68%	17. 10%	10. 34%	16. 27%	19. 92%

① 根据财政部规定，国债利息免收所得税，但是资本利得要缴纳所得税；除国债以外其他债券利息收入都要缴纳利息所得税。

续表

项目	一期	二期	三期	四期	五期	六期	七期
工、农、中、建四家大银行中标量占比	44.31%	13.58%	12.39%	38.16%	26.44%	31.64%	38.49%
认购倍数	1.95	3.30	1.88	1.91	1.90	1.77	2.27

注：最大中标量专指四大中标最多的机构。

资料来源：笔者根据中国债券信息网资料整理。

表 2-3 2006 年金融债券（国开债）招标情况一览表 单位：亿元

项目	二期	三期	四期	五期	六期	七期	八期	九期	十期
期限	5 年浮	20 年	6 个月	5 年	10 年浮	20 年	5 年浮	3 个月	6 个月
利率	R07+0.48	3.60%	2.12%	2.98%	2.80%	3.75%	R07+0.7	2.11%	2.24%
最大中标量	9.3	15.4	11.6	27.4	29.5	5.2	19.2	15.9	13.3
工、农、中、建四家大银行中标量	17.5	20.4	29.4	87.6	63.1	6.3	52.8	29.4	20.2
实际招标总量	200	157.2	100	200	157	100	150	100	100
实际投标总量	296.2	298.7	133.4	387	260	147	153.4	216.7	231.2
最大单一客户所占比例	4.65%	9.80%	11.60%	13.70%	18.79%	5.20%	12.80%	15.90%	13.30%
工、农、中、建四家大银行中标量占比	8.75%	12.98%	29.40%	43.80%	40.19%	6.30%	35.20%	29.40%	20.20%
认购倍数	1.48	1.90	1.33	1.94	1.66	1.47	1.02	2.17	2.31

资料来源：笔者根据中国债券信息网资料整理。

（五）债券交易市场价格操纵行为明显存在

受中国金融市场总体影响，长期以来债券市场的发展重心是投融资功能，而交易功能相对弱化。这种情况致使债券交易市场发展深度远远不足于发行市场，具体表现为发行市场动辄可容纳数百亿元的发债规模且保持稳定，而交易市场却难以承受数十亿元规模的冲击。因而，交易市场价格在客观上比较容易受到各种因素的影响，包括价格操纵行为。从债券市场发展历程来看，当发行市场发行关键性债券品种时，交易市场价格往往会出现异动。如 2006 年第五期国债发行前夕，五年期国债的交易市场利率连续数日持续高升，明显偏离市场正常价格水平。

（六）债券的定价与理论定价不符

一是凭证式国债与记账式国债利差过大（见表 2-4），反映了记账式国债的流动性溢价。凭证式国债由于不能上市流通，因此其票面利率要比具有流动性的记账式国债高，但笔者认为，同期品种的利差应在 50 个 BP 以内，而 2007 年二者的利差却高达近 100 个 BP。一方面是由于凭证式国债由财政部定价①，记账式国债由市场定价；另一方面是市场显然把记账式国债品种的流动性溢价高估了。二是期限结构收益率曲线不能充分反映出长短期债券的风险系数。从理论上看，期限越长的债券其面临的不确定性因素越多，所要求的风险溢价越高，反映在利率方面应该是长期品种利差要明显高于短期品种利差，但实践中的收益率曲线反而略显平坦，并未充分反映出期限结构风险系数。如图 2-9 所示，3 年以下产品的隔年利差在 20 个 BP 左右，而 3 年以上相隔 2 年以上的产品，其利差竟然也与 3 年以下产品的期限利差相仿甚至还更低。三是不同产品的利差同样不能反映出期限结构的风险大小。如图 2-9 所示，国债与金融债的收益率曲线②表现出来的利差水平，竟然随着期限的拉长而相应下降，即二者的收益率曲线偏离度随期限的拉长而逐渐收窄，例如，1 年品种国债与金融债的利差为 56 个 BP，10 年以上产品利差不足 30 个 BP。

表 2-4 凭证式国债与记账式国债之间的利差

期限	品种	利率	利差
三年	凭证式国债	3.14%	89BP
	记账式国债	2.25%	
五年	凭证式国债	3.49%	98BP
	记账式国债	2.51%	

资料来源：笔者根据中国债券信息网资料整理。

① 凭证式国债利率由财政部直接进行定价，其定价依据主要参照同档次定期存款利率，一般情况下利率高于同期限存款利率。

② 由于债券市场缺乏利率基准，收益率曲线的构造也具有一定的难度，所以市场通常将到期收益率连接起来构成收益率曲线，既具有很好的参考意义，又简单明了。

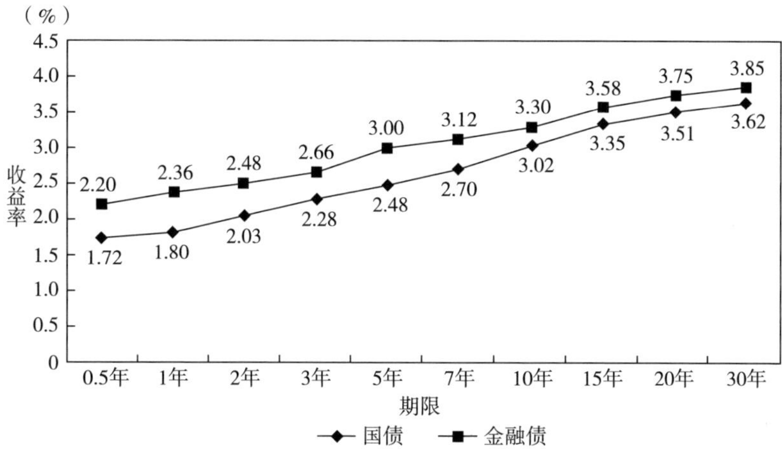

图 2-9　2006 年 5 月国债和金融债收益率曲线

资料来源：笔者根据中国外汇交易中心本币债券交易系统行情资料整理。

（七）缺乏衍生品市场价格指导，债券价格缺乏外部支持

中国债券市场处于起步阶段，尽管市场主管部门已经推出了买断式回购[①]交易、债券远期交易以及利率互换交易，但是衍生品[②]交易仍处于零星交易阶段，交易价格缺乏连续性，也未能形成有效的远期利率曲线或利率互换曲线，信用风险衍生交易工具更是有待发展。在这种情况下，债券现货价格缺乏衍生品市场价格的指引，因而不能准确地反映市场远期利率预期变化，也无法就债券的信用利差进行准确定价。例如，2006 年 6 月 1 日，同是 A-1 评级的企业短期融资券，交易的收益率从 2.85%到 3.05%，日波动区间高达 20 个 BP。在市场基本面没有发生变化的情况下，市场显然缺乏对信用风险产品的合理定价能力。

① 该项产品是在规范市场自发推出的开放式回购的基础上推出的，并且是相对于封闭式回购而言的，其性质仍然是现券交易。推出后由于受会计制度等因素制约，市场交易并不活跃，市场成员仍大量进行开放式回购交易。

② 债券市场衍生产品主要包括市场自发推出的开放式回购业务（具有融资、融券、远期、代持、调节财务收益等多种功能），以及人民银行推出的买断式回购、远期交易、利率掉期等。

二、心理实验证据

（一）心理实验的理由与内容设计

对于债券定价过程中的主体行为研究，除了运用一个较为合理、恰当的决策行为理论之外，最佳的方式可能还来自心理实验。因为人们不可能记录下来所有人的所有决策活动，而且决策过程是人们的心理活动过程，要准确记录或者刻画都非常困难，解决这一难题的较为恰当的方法是心理实验，具体来说，就是选择一个具有代表性的样本，通过对它们构建真实的、有代表性的情景，并选择研究的客体来进行实验，通过实验的输入和输出来推测人们决策时的心理规律。

基于这一思想，笔者对我国债券市场的部分交易活跃的投资交易主体（见图 2-10）进行了问卷调查，试图从中能够找到主体定价过程中的定价偏离的证据。中国债券市场由于投资交易主体的理念不甚成熟，甚至存在把债券当成股票炒作的行为，国内债券市场主体的有限理性行为特征亦十分明显。这也是造成国内债券市场波动大、债券市场主体定价偏离的根本原因。笔者按照行为金融理论的基本内容，借鉴了国外经典的心理学实验，并结合笔者多年交易实践发现的一些市场现象，设计了关于损失厌恶、过度自信、处置效应、羊群行为、反应过度、圈子现象等方面内容的实验，一共设计了 52 个问题①。问卷没有标准答案，完全由答题者根据自己的个人倾向选择。为了避免给答题者任何心理压力，问卷采用匿名方式。

笔者于 2006 年 5 月下旬通过中国外汇交易中心以及某银行资金交易中心的投资研究、交易人员向市场机构随机抽样，以定期回收的方式，共发放调查问卷 56 份，收回问卷 56 份，其中有效问卷 56 份，有效回收率为 100%②。笔者对每一个机构只发一份问卷，而且调查的机构类型，只包括一些较大的、具有投资定价能力的机构，主要指在中央结算公司中一级托管机构中的甲类和乙

---

① 问卷的内容请参见本书附录。

② 由于银行间债券市场的询价交易制度的特性，机构之间的交往密切，这无疑确保了调查问卷准确、按时地回收。

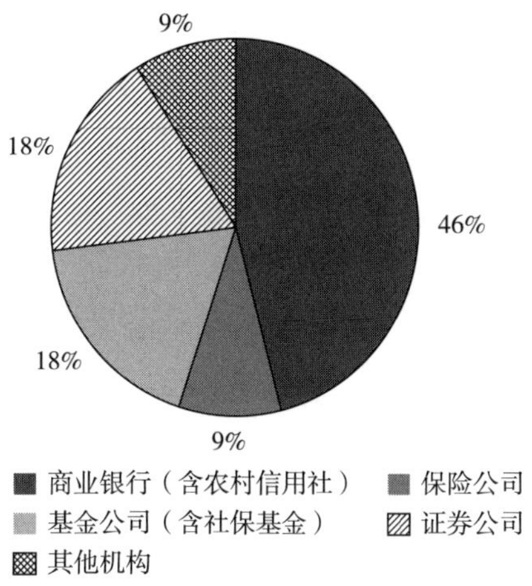

图 2-10　调查对象所在机构构成

资料来源：笔者根据中国货币信息网资料整理。

类机构，而这类机构的数量截至 2005 年底也只有 850 家，笔者调查的机构数占到了全部机构的 6.6%。在调查者所在机构中，57.1%都是采用以领导拍板或交易员决策为主的机制，这表明个人在机构投资决策中发挥了至关重要的作用。因此，对主体行为的研究可以通过对主体中有代表性的个人的研究来实现。不仅如此，在笔者的调查者中，认为个人投资决策较大的人占到了 78.6%。笔者的调查具有较强的代表性①。

（二）实验的结果与分析

下面笔者主要就调查的基本结论做一个简单归纳：

1. 绝大部分调查者并不按照定价理论进行债券定价

调查结果显示，62.5%的机构表示模型定价偏离较大，并不会按照市场上已有（或自己构造）的基于完全理性预期的债券收益率曲线来对发行市场的债券进行定价；同样，对于交易市场的债券，60.7%的调查者也不会这样进行定价。这表明绝大多数的机构在实践当中并不是按照理性预期（或无套

① 被调查的对象在其所在机构中也处于较为重要的地位，这进一步增强了问卷调查的代表性和可靠性。

利）理论进行债券定价的。导致机构不采用定价理论进行定价这一行为的原因是多方面的：一是因为国内的定价理论还不够完善，82.1%的调查者认为，国内根本不存在较为成熟、可供借鉴的债券定价模型或收益率曲线；二是因为国债债券市场的市场化制度基础还不够成熟，73.2%的调查者认为，国内尚不存在较为合理的浮动债券定价基准利率。

2. 投资者的定价行为存在明显的同质效应①

调查结果表明，如果出售某只债券，"给不同类型机构的报价不一样"的选项占58.9%，这说明投资者在定价时明显是根据资金实力大小以及机构类型等因素进行区别定价的，例如，交易记录显示，农信机构给同类机构的定价要低于给大型实力机构的定价（在销售债券时）。同样地，根据对债券发行情况的分析，保险公司、银行类机构、基金类机构明显呈现不同的风格，但是，在同一类别的机构投资风格明显具有一致性，行为趋同，保险公司类机构偏好长期债券、商业银行类机构明显偏好短中期债券、货币基金明显偏好短期债券。

3. 投资者的定价行为存在明显的圈子效应②

调查结果表明，如果出售某只债券，"给熟悉程度不同的机构的报价不一样"选项占67.9%。这说明投资者在定价时存在明显的"根据熟悉程度"进行区别定价的行为。按照理性预期（或无套利定价）理论，机构在出售债券时应该对任何市场成员给出同一报价。如果考虑信用风险的因素，给不同类型的机构进行区别定价还情有可原。但是交易记录显示，交易频繁的机构之间交易价格明显低于交易不频繁的机构，传统的理论无法对此解释。笔者认为，真正的原因在于定价行为中存在明显的"圈子行为"。银行间债券市场的投资者主要是通过电话询价、场外交易方式，无疑助长了这一圈子效应。

4. 存在较为明显的羊群行为

国内外的理论与实证研究表明，股票市场存在明显的羊群行为，我国的债券市场也同样如此。姑且不论债券市场指数的单边上涨或下跌存在羊群效应的

① 不同于我们经常提及的产品同质，本书所指定价行为中的同质是指机构在债券定价、投资风格和偏好等方面的一致性。此内容将在第七章进行详细论述。

② 本书所指圈子效应不同于社会上所批判的"官场圈子""利益圈子"等。此内容将在第七章进行详细论述。

较大“嫌疑”，银行间债券市场的机构报价与交易中的同买同卖行为也绝非偶然。笔者的调查则更加直接，在“如果您能够打听到大机构的定价策略，是否会跟随这一策略”这一问题的回答当中，有57.1%的人表示会跟随。这表明，无论是主观上还是客观上，债券市场定价过程都存在明显的羊群行为。

5. 存在一定的投机行为

从发达经济体债券市场情况来看，由于交易品种的固定收益性、交易规模的巨大以及交易主体的稳定性，债券市场的投资以理性的价值投资为主，然而，我国债券市场还存在一定的投机行为。在回答“是否纯粹出于投机目的而投资债券市场”时，有51.8%的调查者选择“是”。从近几年银行间债券市场和证券市场的交易情况来看，市场存在把债券当作股票炒作的行为。不过，在“如果债券市场持续大涨，而市场分析报告普遍认为，尽管从长期来看债券收益率已经明显偏低，但是债券市场还可以上涨1~2周，此时您是否会继续买入债券”中选择“继续买入”的仅占16%，这表明债券市场的投机行为还是相对比较低的，要远低于股票市场。

6. 投资行为明显受到情绪、周围环境的影响

投资者对未来的预期带有系统性偏差，而这种带有偏差的预期被称为投资者情绪（Investor Sentiment）。证券市场存在着“情绪周期”（Emotional Cycle）。《洛杉矶时报》用图2-11来演示金融市场的情绪周期和主宰每一个时期的情绪的7C路径。笔者的调查结果表明，有66.1%的受调查者表示偶尔会受到情绪的影响。而在投资是否受到周围同事影响方面，48.2%的受调查者表示会受到其影响。在“您经过慎重选择而准备购入的债券却不被周围同事看好，您怎么办”中选择“坚持自己的操作”的人只占51.8%，而剩下的人表示会“尝试性地少量买进”或者“暂时放弃自己的操作”，这表明投资行为明显受到了周围环境的影响。

7. 投资中存在损失厌恶①

损失厌恶（Loss Aversion）是指人们在面对同样数量的收益与损失时，损

① 前景理论的重要贡献在于，发现了人们在决策过程中内心对利害的权衡是不均衡的，赋予“避害”因素的考虑权重远大于“趋利”因素的权重，即表现出“损失厌恶”的特征。Kahneman和Tversky通过实验发现，人们在面临损失时所带来的负效用是同样数量收益带来的正效用的2倍左右。

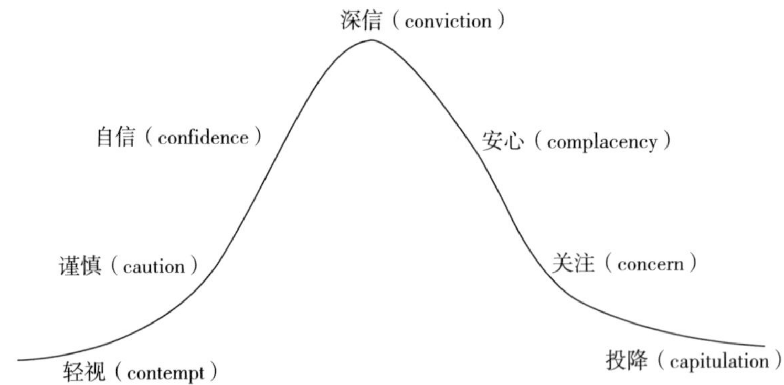

图 2-11　市场情绪周期

资料来源：饶育蕾、张轮（2005）。

失会对他们产生更大的情绪波动。Kahneman 和 Tversky（1979）的实验还发现，损失带来的效应为等量收益的正效用的 2.5 倍。而笔者的调查结果表明，80%的受调查者表示当债券市场开始单边大幅下挫，且市场普遍看空后市，会非常担心所持有的债券市值也同样大幅下跌，只有 19.6%的人会继续被动持有亏损的债券；而在债券市场下挫已持续较长时间，且未来继续看空时，不选择卖掉亏损债券止损的机构只占 8.9%。这表明，受调查者显示出明显的损失厌恶偏向。

8. 存在明显的过度自信现象

过度自信（Overconfidence）是指这样一种认知偏差：人们往往过于相信自己的判断能力，高估自己成功的概率，把成功归功于自己的能力，而低估运气、机遇和外部力量在其中的作用。调查结果显示，大约 50%的受调查者表示“如果没有任何人为干预，其自主决策投资成功的概率大于 85%”。这表明有相当多的投资者对自己的投资能力非常自信。虽然笔者无法得知市场平均的自主决策投资成功概率为多少，但市场整体的确存在明显的过度自信。

第三章　中国债券定价的金融生态

本章引入金融生态[①]的概念分析债券市场，对影响债券定价的主要生态要素，即市场体系、市场主体、制度环境等进行了研究，重点对市场主体的动机和偏好进行了整理和总结，并提出进一步改善债券市场的金融生态，推动市场价格发行机制的形成。

第一节　债券市场的金融生态要素

生态学是一门研究生物和其生活环境的相互关系的科学。"金融生态"是一个非常重要且具有创造力的仿生学概念，它借用生态学的理论对金融运行系统进行形象的描述。对金融市场而言，金融生态是指金融市场主体、金融市场运行环境及其相互之间的关系。它的提出与运用为正确理解金融体系的动态运行提供新的科学视角。金融市场并不是孤立地创造金融产品和金融服务的独立系统，其运行和发展都与政治、经济、文化、法制等基本环境要素相互依存、彼此影响。

中国债券市场作为金融市场的一部分，既是金融市场所形成的金融生态的

① 金融生态概念由时任中国人民银行行长周小川最先在一次学术报告中引用，随后在中国金融市场掀起了"金融生态研究热"。

一部分，又自成体系，形成债券市场的金融生态，包括了金融生态中的市场体系、市场主体、法律制度环境及行政管理体制、市场信用体系等内容。市场主体的行为既受自身因素影响，又受所处生态环境的制约和影响。良好的金融生态是推动债券市场健康、快速发展的前提和基础，对于促进债券市场价格发现进而充分发挥资源配置、促进经济健康发展具有重要的作用。

第二节　中国债券市场

一、中国债券市场发展情况

从 1981 年恢复国债发行至今，我国的债券市场先后经历了柜台交易、交易所交易和银行间市场交易三个发展阶段，在快速发展中经历了从不规范到逐渐规范、从不完善到逐渐完善的过程，已经形成了一个以中央银行公开市场操作为引导，以银行间债券市场交易为主体，以证券交易所交易、柜台交易为补充，面向所有个人投资者和机构投资者的全国性债券市场。债券市场已经成为货币市场和资本市场的重要组成部分，在有效配置市场资源、促进经济健康发展方面发挥了日益重要的作用。

（一）1981—1992 年以银行柜台为主的阶段

在该阶段，流通市场快速起步，国债流通范围试点由最初的 7 个城市拓展到了 1991 年遍布全国 400 个地市级以上城市，办理国债流通转让的业务网点遍布全国各大中小城市。债券发行实现了由行政摊派向承购包销方式的转化。1981—1988 年，我国累计发行国债已经达到 606 亿元，金融债达到 155 亿元。

（二）1992—1997 年以交易所市场为主的阶段

该阶段债券市场快速发展，发行市场实现了承购包销向招标方式转化，并推出了债券期货交易；但也存在很大的风险。1992 年，国债现货开始进入证券交易所交易。1993 年，在证券中介机构和银行之间以及证券中介机构之间

出现了国债回购交易，并且国债期货开始在上海证券交易所进行试点；1995年，国债招标发行试点获得成功；1996年，财政部确定了“发行市场化、品种多样化、券面无纸化、交易电脑化”的方针，发行方式的改革大大提高了国债发行效率和透明度，对我国债券市场发展产生了深远影响，带来了供求双方共同决定债券发行价格的深刻变化，这在很大程度上克服了债券发行利率信号扭曲和传递不畅的缺陷，同时也促使人们对债券投资的收益和风险开始从金融工具角度进行全面的重新理解和认识。

全国一些城市也在此期间建立了进行债券集中交易的场外证券交易中心，进而发生了一系列严重的国债卖空或变相卖空行为，造成了严重金融风险。1995年开始，交易所发行交易的国债也相继出现了风险事件。在此背景下，国家决定暂时关闭国债期货市场，并对武汉交易中心、天津交易中心和STAQ系统的回购市场进行整顿。这些风险的出现给处于起步阶段的中国债券市场造成了“硬伤”，在随后很长一段时间里都抑制了债券市场的发展和创新。

（三）1997年以来银行间债券市场诞生并形成了中国债券市场格局

1997年6月，中国人民银行发布了《关于各商业银行停止在证券交易所证券回购及现券交易的通知》（银发〔1997〕240号），要求各商业银行一律停止在上海、深圳证券交易所和各省份证券交易中心的债券回购和现券交易，改为在全国同业拆借中心进行，这标志着银行间债券市场的启动。截至2007年，银行间债券市场经历了两个重要的发展阶段：

第一阶段是从银行间债券市场产生到2003年，这个阶段主要是市场主体扩容和规模扩大阶段。1997年，银行间债券市场建立初期，市场交易成员只有16家商业银行的总行，而且债券交易不够活跃，市场流动性不足。随后几年，中国人民银行以市场主体扩容为主要任务，在增加商业银行进入市场的数量的基础上先后允许证券公司、基金公司、信托公司等在证券市场运作的机构进入了银行间债券市场；2002年，中国人民银行和财政部联合推出记账式国债柜台业务，并将债券机构代理业务服务对象扩大到非金融机构法人①，个人

① 2002年12月以前，获准开办债券结算代理业务的中国工商银行等39家商业银行服务对象仅限于金融机构。

和非金融机构法人可以通过金融机构的这两项业务，即记账式国债柜台业务和债券机构代理业务间接参与银行间债券市场。至此，银行间债券市场由最初的仅有商业银行机构拓展至所有类型金融机构均可参与交易，并最终扩充至所有类型投资者皆可参与的市场，市场所反映的金融交易内涵进一步扩大，其运行状况由仅仅反映金融机构的预期和行为变化拓展到反映金融机构、非金融机构法人以及个人等各类经济主体的预期和行为变化。

第二阶段是 2003 年开始银行间债券市场快速变革阶段，制度创新和产品创新层出不穷，债券市场的深度和厚度不断增加，债券市场开始由数量扩张转向注重质量发展。在债券发行方面，由过去相对单一的国债、金融债券等政府信用和准政府信用拓展到商业银行债券、企业债券、融资债券等商业信用产品；在新产品方面，先后推出买断式回购、远期交易、利率互换等衍生产品以及商业银行理财产品；在制度方面，及时根据新产品和新工具陆续推出了相应的管理制度。至此，银行间债券市场形成了管理主体以制度创新为主，鼓励和推动市场成员积极进行产品和工具创新的市场，银行间债券市场在我国金融市场体系中的地位和作用愈显重要和突出。

二、债券市场构成

至此，我国统一的、多层次的、面向各类经济主体的具有中国特色的债券市场框架体系基本形成（见图 3-1）。银行间债券市场实行“自主报价、格式化询价、确认成交”的场外交易模式，带有批发市场特征；主要面向以各类金融机构为主的机构投资者，非金融机构法人可以通过结算代理人间接参与交易。交易所债券市场实行“电脑撮合、集中交易”的场内交易模式，交易主体主要是非银行金融机构，工商企业和个人可以通过交易所会员的身份参与交易。柜台债券市场实行做市商报价交易模式，交易主体包括个人和企业法人。后两个市场都带有零售市场的特征。这三个债券子市场各有侧重、相互连通、互动频繁。

（一）银行间债券市场

银行间债券市场的交易实行自主报价、格式化询价、确认成交的交易方

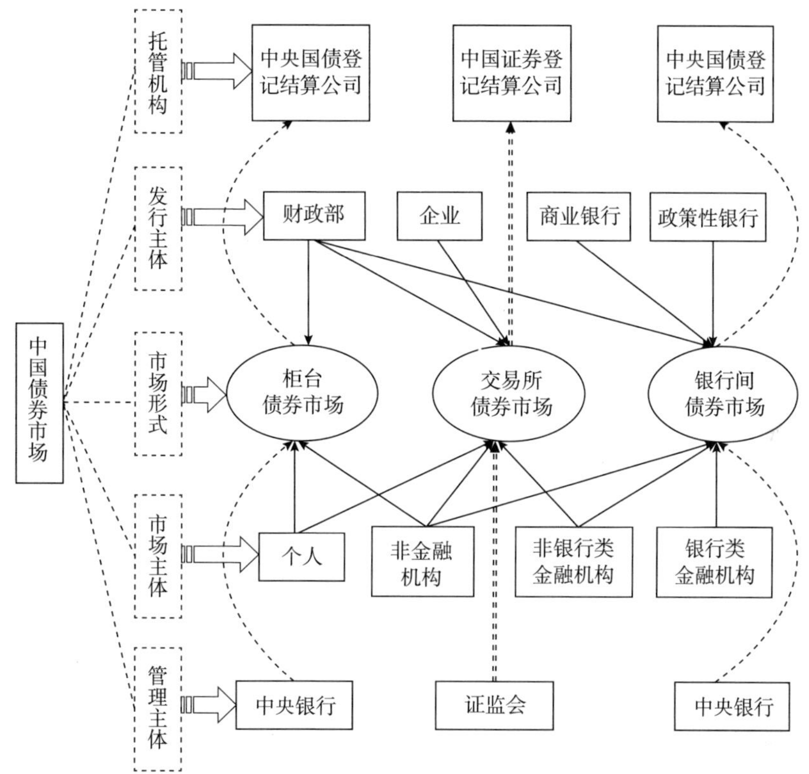

图 3-1　中国债券市场的总体框架

资料来源：笔者整理。

式。交易双方依托计算机交易系统公开报价并在规定的次数内向对方询价。凡成员确认的报价，即经交易系统记录备案便自动生成交易通知单，作为交易双方成交确认的有效凭证。此外，银行间市场的债券交易也可以通过全国银行间拆借中心进行网上交易。债券托管结算和资金清算则分别通过中央结算公司和中国人民银行清算系统进行。实行“见券付款、见款付券”的清算方式，清算速度为 T+0 或 T+1，即交易成员在成交日或回购到期日后的当天或第一个营业日进行债券过户和资金清算。

（二）证券交易所债券市场

自 1990 年上海证券交易所和 1991 年深圳证券交易所成立起，两个证券交易所就开办了债券交易业务，形成了证券交易所债券市场。市场成员实行会员制，会员为经中国证券监督管理委员会（以下简称证监会）批准可以跨交易所和银行间市场交易的基金公司、部分保险公司和证券公司。证券交易所是具有高度组织和严格规则的机构。各类债券进入证券交易所挂牌公开交易或上市交易，首先必须经过证券上市管理部门的审核、批准。一般来讲，除了国债、交通运输、电信电话等公用事业债券以及部分著名企业或公司债券外，其他债券是很难获准在证券交易所上市交易的。在两个证券交易所上市的债券有国债、企业债、可转债三个品种，交易所采用撮合交易的方式，债券交割和资金清算也是自动完成的。

（三）柜台债券交易市场

柜台债券交易市场是利用银行营业网点优势，设立在营业柜台面向社会公众投资者（个人或中小企业投资者）办理债券交易的市场，主要包括凭证式国债市场①和记账式国债柜台交易市场。

凭证式国债市场主要由财政部确定市场利率，各凭证式国债包销团成员根据财政部分配的额度进行包销。其衍生出了新的产品：电子式凭证式国债、储蓄国债。凭证式国债到期一次付息，不能上市交易，但是可以提前兑付。

记账式国债柜台交易是指国债、政策性金融债及其他金融债以记账方式通过商业银行的营业网点面向社会公众、企业和其他机构发售、交易和兑付的业务，是银行间债券市场的延伸。该项业务的基本模式是：两级托管，联网运作；柜台发行，做市商交易；事后稽核，双重查询。

柜台债券交易具有以下优点：一是利用商业银行的网点优势，增加个人和企业等各类投资人购买国债的渠道，为投资人提供新的金融产品；二是投资人可以在商业银行柜台随时购买国债，也可以在需要资金的时候，通过商业银行柜台卖出国债，从而提高了投资人债券资产的流动性；三是记账式国债种类较

① 凭证式国债是一种国家储蓄债，是财政部面向个人投资者发行的期限固定（一般为 3 年期、5 年期）、票面利率确定、不可上市交易的债权债务凭证。凭证式国债从 1994 年起开始发行，该类债券从投资者购买之日起开始计息，可以记名、挂失、质押贷款，但不能上市流通，因此，从严格意义上来说，凭证式国债并没有形成完整的二级市场。持有者可以提前兑付，但必须承受一定的利息损失和缴纳一定比例的提前兑付费。凭证式国债的票面利率由财政部参照债券市场的利率事先确定。

丰富，付息方式灵活，债券品种既可以是到期一次还本付息，也可以是按年付息，可以为投资人提供较多的选择。

就这三个市场而言，银行间债券市场已经越来越成为债券的主要分销市场（发行市场）。如图 3-2 所示，2001 年的银行间债券市场的分销比例还只占 83.59%，到了 2005 年以后已经达到了 99.58%；而交易所债券市场以及柜台债券交易市场被边缘化的趋势越来越明显。

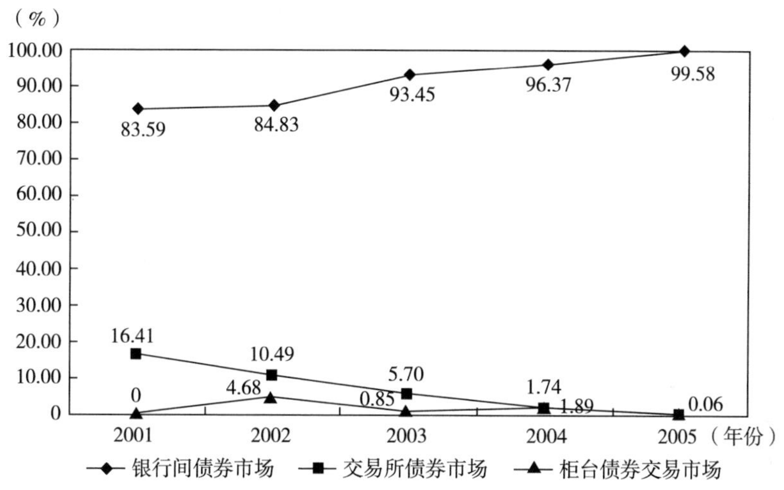

图 3-2　债券市场分销量的比例构成

资料来源：笔者根据中国债券信息网资料整理。

第三节　债券市场主体

一、债券市场主体分类

如前文所述，银行间债券市场已经成为债券市场的主要组成部分，无论是市场主体、债券发行、交易规模、社会影响都处于绝对地位，在此笔者把银行间债券市场作为研究的重点，将银行间市场的主体功能（角色）的不同大体分为三类：发行主体、管理主体、投资交易主体，下面分别展开论述：

（一）发行主体

随着银行间债券市场的迅速发展，发行主体数量不断增加并进一步多样化，信用主体层次也逐渐由最初的国家信用、准国家信用发展到银行信用、企业信用。到2005年，债券发行主体已经囊括财政部、中国人民银行、政策性银行、商业银行、非银行金融机构、国际开发机构和企业等各类主体，金融债券、资产支持债券、国际开发机构人民币债券、短期融资券、企业债券等非政府信用的债券品种也相继被推出，债券信用等级和种类日趋多样化（见表3-1）。

表3-1　债券发行主体及品种

银行间债券市场		交易所债券市场		柜台债券交易市场	
债券品种	发行人	债券品种	发行人	债券品种	发行人
国债	财政部	国债	财政部	国债	财政部
中央银行票据	中国人民银行	企业债券	企业	—	—
政策性银行债券	国家开发银行、中国进出口银行、中国农业发展银行	可转债	企业	—	—
金融机构债券	工商银行、中国银行等商业银行以及证券公司、财务公司等符合规定的金融机构	—	—	—	—
短期融资券	企业（含证券公司）	—	—	—	—
资产支持证券	政策性银行和商业银行	—	—	—	—
外国债券	国际机构	—	—	—	—

资料来源：笔者根据中国货币信息网资料整理。

财政部一直以来都是债券市场最主要的发行主体；国家开发银行、中国进出口银行以及中国农业发展银行等政策性银行的发行规模也不断扩大，金融债券发行数量和托管余额在2003年与国债“两分天下”；为了对冲外汇占款，中国人民银行自2002年开始发行的央行票据高速增长，2005年已经占到了整个债券市场份额的2/3（见图3-3）；商业银行、保险公司等也自2004年开始发行各类次级债；2005年商业银行、企业、国际机构还分别推出了资产证券化债券、短期融资券以及国际开发机构债券等，不过就整体而言，除了短期融资资券以外，这些新的债券品种所占的份额都非常小；而企业债的发行主体仍然

仅限于那些有着深厚政府背景的国有企业，因而发行规模仍然非常小，且增长速度缓慢。

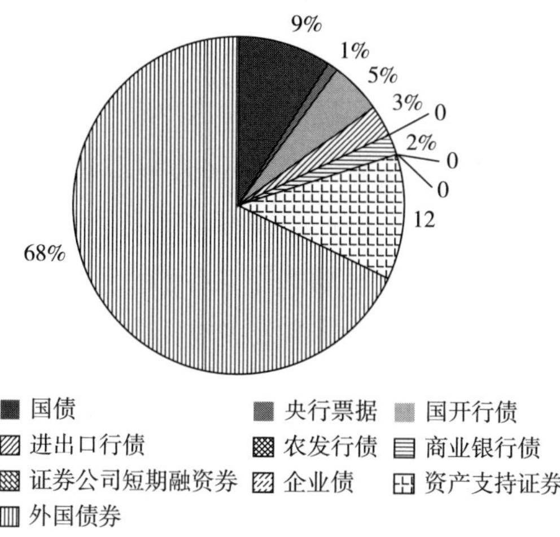

图 3-3　中国债券发行品种

资料来源：笔者根据中国货币信息网资料整理。

尤其值得注意的是，2005 年 5 月 9 日，中国人民银行颁布《短期融资券管理办法》；同年 5 月 26 日，首批五家企业开始发行短期融资券。截至 2006 年 3 月，在短短不到一年时间内，市场已成功发行了超过 1500 亿元短期融资券。短期融资券扩大了直接融资比重，极大地拓展了债券的发行主体，从最初的大型国有企业集团、上市公司到民营企业。因而，对我国金融市场的发展具有里程碑的意义。

（二）管理主体

根据《中华人民共和国证券法》（以下简称《证券法》）和《中华人民共和国中国人民银行法》（以下简称《中国人民银行法》）的规定，中国人民银行主要负责对银行间债券交易市场和柜台债券交易市场的监管，而证监会主要负责对交易所债券市场的监管。由于银行间债券市场已经成为我国债券市场的绝对主体，因此，笔者这里主要讨论银行间债券市场的管理主体——中国人民银行。

中国人民银行是货币政策的制定者，其目的是通过货币政策实现对实体经济的调控。货币政策通常采用法定存款准备金、再贴现和公开市场操作三种工具。这三种操作工具的运用主要对货币市场资金供求的数量、资金流动方向以及短期利率水平等方面产生影响，从而影响银行的资金头寸规模和借入资金的成本，并通过各参与货币市场运作的金融机构的其他行为如贷款、承兑贴现、资产组合调整等，向其他金融机构、其他金融市场乃至整个社会逐层扩散地传递货币政策意图。其中，公开市场操作是发达经济体普遍使用的主要货币政策工具，是中央银行在公开市场上买入或卖出有价证券的行为，中央银行通过调节自己的资产来影响银行系统的准备金进而影响货币供应量，达到实施货币政策、进行宏观调控的目的。公开市场操作具有间接货币政策操作的诸多优点，具有公平、灵活和时效的特点，能够有效实现货币政策目标。中国人民银行主要是通过在银行间债券市场的公开市场操作来实现其货币政策目标的。

（三）投资交易主体

随着时间的推移，债券市场的广度与深度不断提升，银行间债券市场从成立到现在其市场结构发生了巨大变化，参与主体日益增多，参与金融市场活动的形式多样化，尤其是银行间债券市场的机构投资者范围日益扩大。截至2005年年末，银行间债券市场共有市场参与者5508家，包括国内商业银行、外资银行、保险公司、信托公司、证券公司、基金公司、其他非银行金融机构和企事业单位等各种类型的机构，见表3-2。

表3-2 投资交易主体具体构成

市场	参与机构类型	具体构成	托管成员类型①
银行间市场	各类银行	国有控股商业银行、股份制商业银行、政策性银行、城市商业银行和外资银行、农村商业银行和农村信用社	甲类或乙类成员
	非银行金融机构	保险公司、证券公司、财务公司、基金公司、信托公司	乙类或丙类成员
	非金融机构	企业、事业单位（必须委托一家银行作为代理人，开展债券业务）	丙类成员

① 凡经中国人民银行批准可参与全国银行间债券交易的金融机构和其他投资人，均应在中央结算公司开立托管账户，成为中央结算公司的结算成员。中国人民银行规定了三种类型的全国银行间债券市场参与者：在中国境内具有法人资格的商业银行及其授权分支机构；在中国境内具有法人资格的非银行金融机构和非金融机构；经中国人民银行批准经营人民币业务的外国银行分行。在中央结算公司开立的债券账户分为甲、乙、丙三类账户，其中：甲类账户成员可开展自营业务并代理丙类账户成员进行债券结算；乙类账户成员仅可开展自营业务；丙类账户成员则必须选定一家甲类账户成员作为自己的结算代理人，并通过结算代理人进行债券结算。

续表

市场	参与机构类型	具体构成	托管成员类型
交易所市场	非银行金融机构	保险公司、证券公司、财务公司、基金公司、信托公司	—
	非金融机构	各类企业、事业单位	
	个人	散户投资者	
柜台市场	非金融机构	各类企业、事业单位	—
	个人	散户投资者	

资料来源：笔者根据中国债券信息网资料整理。

从表 3-3、图 3-4、图 3-5 可以清晰地发现，2000—2005 年我国债券市场的投资者数量自 2000 年开始不断地增加，一个明显的递增是在 2003 年，这主要是因为当时规定非金融机构可以通过结算代理业务入市，从而大大增加了投资者的数量。

表 3-3　2000—2005 年末我国债券市场投资者数量　　单位：个

年份	一级托管				二级托管	
	小计	甲类	乙类	丙类	交易所	柜台
2000	315	36	261	18	0	0
2001	482	38	296	148	0	0
2002	814	39	412	363	0	39686
2003	4135	88	523	3524	0	57512
2004	5354	100	619	4635	0	890935
2005	6574	105	745	5724	0	922290

注：本表没有包括交易所的投资者数量。

资料来源：笔者根据中国债券信息网资料整理。

不仅投资者的数量在增加，而且投资交易主体之间的实力也在发生变化，见表 3-4。除了交易所以及一直持仓较为稳定的特殊成员之外，商业银行长期以来都是债券市场的绝对投资交易主体，保险公司、基金公司在近几年的实力也在不断增长，不过非银行金融机构以及个人投资者在整体中所占的份额仍然明显偏小。虽然证券公司在市场上交易活跃，且研究实力较为雄厚，但是由于其自身的机构性质，证券公司的持仓量非常小。

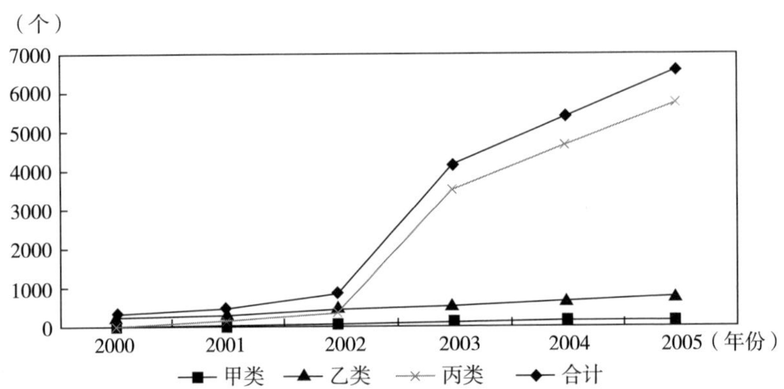

图 3-4　2000—2005 年末我国债券市场一级托管投资者数量

资料来源：笔者根据中国债券信息网资料整理。

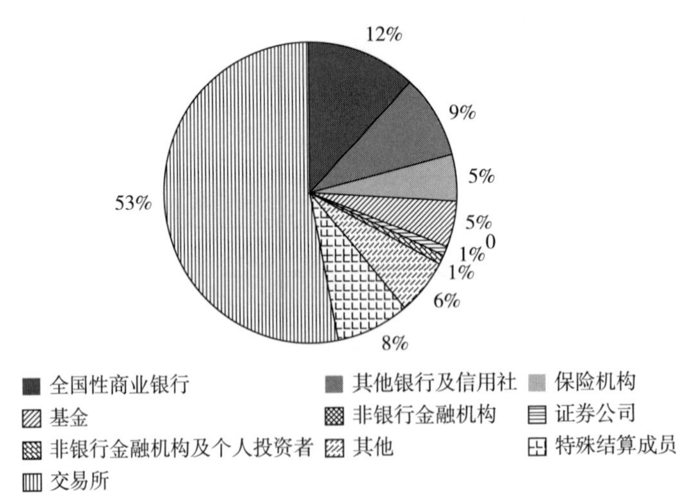

图 3-5　2005 年债券市场投资者构成

资料来源：笔者根据中国货币信息网资料整理。

表 3-4　2001—2005 年债市投资者持仓结构

单位：亿元

年份	债券品种	合计	全国性商业银行	其他银行及信用社	保险机构	基金	非银行金融机构	证券公司	非银行金融机构及个人投资者	其他	特殊结算成员	交易所
2001	国债	10973	8263	1060	341	328	53	0	1	0	927	0
	国开债	7874	4399	858	145	6	5	0	0	0	2461	0
	进出口行债	510	396	63	16	3	0	0	0	0	32	0
	企业债	336	0	0	0	0	0	0	0	336	0	0
2002	国债	16310	9721	1735	446	357	166	1	12	0	1152	2722
	国开债	8940	5035	1286	383	25	37	5	1	0	2169	0
	进出口行债	855	690	112	15	2	4	0	0	0	32	0
	企业债	643	0	0	0	0	0	0	0	643	0	0
2003	国债	21034	10908	2228	494	576	193	41	37	2	3012	3544
	国开债	10650	6761	1718	722	81	158	54	44	0	1112	0
	进出口行债	960	768	102	35	8	2	0	11	0	34	0
	企业债	917	0	55	103	12	55	61	37	565	3	26

续表

年份	债券品种	合计	全国性商业银行	其他银行及信用社	保险机构	基金	非银行金融机构	证券公司	非银行金融机构及个人投资者	其他	特殊结算成员	交易所
2004	国债	24172	11906	2667	1168	520	377	16	561	14	2975	3968
	国开债	12202	7675	2000	808	471	460	20	51	2	714	0
	进出口行债	1120	865	121	49	24	23	0	3	0	34	0
	农发行债	408	222	24	1	105	52	1	2	2	0	0
	企业债	1225	0	105	313	52	69	13	43	234	0	397
2005	国债	26702	13950	3208	1714	561	687	3	170	10	2915	3485
	国开债	14622	9488	1860	1548	527	859	3	12	4	320	0
	进出口行债	1325	1029	120	29	72	34	0	8	0	34	0
	农发行债	1752	1103	214.	3	173	258	0	1	0	0	0
	企业债	1800	13	189	681	181	91	7	32	211	0	395
	短期融资券	1381	603	112	84	489	50	31	8	0	2	0

资料来源：笔者根据中国债券信息网资料整理。

根据投资者的机构类型、规模以及对债券定价的影响大小，笔者把投资交易主体分为以下三类：

1. 银行类机构

商业银行无疑是债券市场最主要的投资力量，仅以 2005 年为例，全国性大型银行和中小型商业银行的债券总交易量占整个债券市场的比例为 65%。根据银行的规模不同，又可大致分为以下两类：

（1）全国性大型银行。

全国性大型银行主要包括六家国有控股大型商业银行（中国工商银行、中国农业银行、中国银行、中国建设银行、中国邮政储蓄银行、交通银行），以及兴业银行、招商银行、广东发展银行、浦东发展银行、华夏银行、平安银行、中信银行、民生银行、恒丰银行等。全国性大型银行的特点是资金实力雄厚、对债券的需求量大。这类机构的交易量占总交易量的 53%。

（2）其他银行及信用社。

这类机构主要包括城市商业银行、农村商业银行、农村信用社及联合社等。它们也出于与全国性大型银行一样的原因积极地参与债券市场，只不过规模实力略逊于前者，交易量占总交易量的 12%。不过，在这类机构中，也有一些银行非常活跃，如北京银行、上海银行、南京银行、徽商银行、北京农商行、上海农商行、鄞州银行等。

2. 保险公司

保险公司是我国债券市场的另一股主要的投资力量，对债券（尤其是长期债券）定价的影响也不容小觑。这主要与保险资金运用的基本原则有关，债券市场能够满足其安全性、流动性和收益性的特点，始终是保险资金运用的主要渠道。虽然保险公司的数目并不多（见表 3-5），但是 2005 年年末保险公司占整个银行间债券交易的 9%。另外，正在逐步走上银行间债券市场舞台的各地社保基金、住房公积金等，它们掌握的资金规模越来越具有影响力，相信随着时间的推移将会对债券市场产生重要的影响。这类机构的运作风格与保险公司类似。

表 3-5　2005 年年末保险公司债券交易排名

排名	成员简称	债券交割量（万元）	交易总笔数（笔）	排名	成员简称	债券交割量（万元）	交易总笔数（笔）
1	泰康人寿	23,797,887	1116	33	友邦保险北京分公司	34,800	15
2	中国人寿股份	19,748,847	446	34	慕尼黑再保险北京公司	31,650	10
3	平安人寿保险公司	14,630,571	542	35	美国友邦保险深圳分公司	24,660	17
4	新华人寿	12,584,972	287	36	永诚财产保险公司	20,000	8
5	中国人民财险	10,448,545	269	37	平安健康保险公司	19,000	11
6	中国人寿集团	8,558,036	245	38	首创安泰人寿保险公司	19,000	14
7	华泰财险	7,313,246	349	39	中英人寿保险	13,500	6
8	太平人寿	5,773,300	140	40	信诚人寿	13,000	14
9	太平洋保险	4,346,270	201	41	华安财险	12,000	2
10	中国再保	3,622,522	405	42	东京海上日动火险上海	9,000	1
11	太平洋人寿保险公司	3,143,098	99	43	海达保险经纪公司	8,800	10
12	中意人寿	1,733,800	98	44	中保康联人寿保险	8,300	6
13	平安财产保险公司	1,121,200	61	45	渤海财产保险公司	6,500	5
14	民生人寿	1,099,312	71	46	中宏人寿	6,500	2
15	平安保险（集团）公司	1,048,110	73	47	平安养老保险	5,400	3
16	安联大众人寿	604,550	178	48	光大永明人寿	5,000	3
17	泰康人寿 1	431,100	73	49	三星火灾海上保险上海	4,000	3
18	太平保险	337,500	41	50	华泰人寿保险	4,000	2
19	友邦保险上海	327,390	46	51	出口信用保险	4,000	1
20	阳光财产保险股份公司	327,000	24	52	海康人寿	3,600	4
21	生命人寿保险公司	325,000	32	53	中美大都会人寿保险	3,000	1
22	中国人寿资产管理公司	299,500	71	54	海尔纽约人寿	2,501	4
23	中再资产管理	291,434	62	55	恒安标准人寿	2,500	2
24	太平洋财产保险公司	283,394	27	56	德国科隆再保险上海	2,000	2
25	中国财产再保险	120,500	26	57	长城人寿保险公司	1,900	1
26	大地财产保险	115,500	43	58	广电日生人寿	1,837	1
27	中国人保控股	105,600	10	59	航联保险经纪公司	1,000	1
28	友邦广州分公司	99,200	30	60	安联保险广州	1,000	1
29	中国人保资产管理公司	83,700	25	61	东方人寿保险	1,000	1
30	天安保险	81,500	20	62	平安资产管理公司	500	1
31	太平洋安泰人寿	49,325	21	63	美国友邦保险苏州	400	2
32	华泰资产管理有限公司	48,450	9		总计	123,170,708	5294

资料来源：笔者根据中国债券信息网资料整理。

3. 货币市场基金

货币市场基金快速发展，在货币市场中的地位越来越重要，并已成为货币市场短期品种的主要投资机构之一。2007 年，货币市场基金的债券交易份额已经占到了总交易量的 5%左右（见表 3-6），而且还有进一步扩大的趋势。

表 3-6　2005 年末货币市场基金份额情况

排名	基金名称	期末份额（亿份）	排名	基金名称	期末份额（亿份）
1	南方现金增利	384.73	14	海富通货币	29.29
2	华安现金富利	334.78	15	诺安货币	28.42
3	华夏现金增利	203	16	广发货币	26.76
4	长信利息收益	119.21	17	银华货币	26.29
5	招商现金增值	109.28	18	中信现金优势货币	26.09
6	易方达货币	95.89	19	银河银富	21.9
7	博时现金收益	84.31	20	光大保德信货币	17.54
8	泰信天天收益	69.38	21	景顺长城货币	9.45
9	嘉实货币	68.46	22	中银货币	8.6
10	华宝现金宝	54.18	23	国泰货币	7.89
11	大成货币	39.63	24	上投摩根货币	3.16
12	鹏华货币	31.02		合计	1829.73
13	长城货币	30.47		平均	76.24

资料来源：笔者根据中国证监会网站资料整理。

二、各类主体参与债券市场的动机、偏好与行为

（一）公开市场操作与中央银行的调控意图

中央银行参与债券市场主要有以下两大目的：

一是有效实施货币政策。控制交易所债券市场日益严重的风险，只是中国人民银行力推建立银行间债券市场的出发点，其主要原因在于试图通过这一市场进行间接宏观调控。货币政策肩负着协调本外币操作、调控基础货币、调节商业银行流动性、引导货币市场利率水平的多重任务。近年来，我国遇到了外汇储备高速增长的重大难题，因而对冲通过这一渠道产生的压力，也成了我国

货币政策的一个重要任务，银行间债券市场是实现这些货币政策目标最为重要的渠道。

二是维护金融市场稳定。2004 年 2 月 1 日实施的《中华人民共和国中国人民银行法》第一条规定，“为了确立中央银行的地位，明确其职责，保证国家货币政策的正确制定和执行，建立和完善中央银行宏观调控体系，维护金融稳定，制定本法”。此法中有关金融稳定的概念首次在中国提出，这说明了中央银行维护宏观金融稳定的目标已变成了法律层面的义务。因此，保持基础货币平稳增长和货币市场利率的基本稳定也应当视为中央银行参与债券市场的重要目标。

中央银行主要通过公开市场操作进行货币政策调控以及引导债券市场利率的走势。公开市场业务分为本币公开市场业务和外汇市场业务两部分。在银行间债券市场的公开市场业务为人民币业务。我国公开市场业务操作由中国人民银行公开市场业务操作室负责。在进行现券操作时，从操作工具表内选择部分或全部券种招标。公开市场业务操作室不定期公布公开市场业务现券操作工具表，通过每周两次（周二、周四）的招标方式进行，操作包括数量招标方式和利率招标方式。

我国公开市场业务操作的交易方式包括封闭式回购和现券交易两种。封闭式回购含正、逆两种，现券交易含现券买断、现券卖断两种。就具体而言，确定回购招标利率时，中央银行的操作意图主要有以下三个方面：一是通过回购利率体现中央银行的货币政策意图；二是协调回购利率与中央银行基准利率、商业银行存贷款利率、货币市场利率的关系；三是防止各种利率的错位，避免商业银行不合理的套利行为。在买入债券交易中，中央银行的操作意图主要有以下三个方面：一是增加基础货币投放为主要目的；二是国债和金融债并重，以提高债券的流动性，支持财政部和政策性银行发债顺利；三是优先买入市场化债券，债券期限长短合理搭配，如果卖出债券，则目的自然也相反。

（二）发行主体参与债券市场的动机与行为

我国债券市场的发行主体仍然是以财政部以及以国家开发银行为代表的政

策性银行为主。发行主体参与债券市场的主要目的，不外乎是用最低的发行价格发行既定规模的债券，这符合经济人的假设。之所以称之为“既定规模”，主要是因为这类机构每年的发行规模都是由经济增长、内外债规模等内生变量决定的，而且国债还必须由全国人大会议审批。除此之外，对于财政部而言，除了顺利完成国债发行任务之外，还有一个目标，即必须要维持债券发行市场的稳定。国家开发银行推出的各类含权（可赎回或可回售）债券，其创新目的也主要在于顺利发行债券。其他一些发行主体也是如此。在笔者下文的讨论中仅讨论财政部，这主要是因为它发行的国债占总债券发行量的比重最大①，而且对市场的影响也比其他机构要大许多。

为了实现顺利发行债券的目标，财政部已经付出了较大的努力：首先，发行方式不断进步。从早期的行政摊派，到后来的承购包销，最后采用国际上流行的招标方式。而且，仅就招标方式而言，财政部也不断地变换采用荷兰式招标、美国式招标，以图获得较好的发行效果。在 2004 年上半年债券发行较为困难的情况下②，财政部还尝试采用较少国家（如西班牙）采用的混合式拍卖，并且取得了良好的效果。其次，发行的过程更加规范与透明。财政部会在每年年初公布全年主要债券的发行计划，而且还力推预发行制度；不仅如此，还不定期地与市场的各级承销商召开联席会议，积极听取市场上的建议。但财政部在这方面虽然取得了较大进步，也还是有一些方面亟待改进，比如：债券发行的品种不够丰富，包括期限结构、含权类型等；以及国债发行对市场的敏感度仍然较低，即并没有根据市场情况而有效调整其发行计划。

（三）投资交易主体参与债券市场的动机、偏好与行为

商业银行成为债券市场投资的绝对主体并非偶然，其内在原因既与债券市场的特点有关，也与商业银行自身的性质以及发展处境有关。具体来说，主要有以下几方面原因：

1. 债券投资是商业银行流动性供给的需要

流动性风险是银行核心风险，因为流动性风险一旦出现，将直接导致客户

① 除中央银行票据。

② 2003 年末至 2004 年上半年出现了多起债券发行流标，而且还出现了多次以保留价格中标的情形。

挤兑，如果没有外援支持，银行所面临的只有破产倒闭[①]。而且，其他风险（如信用风险、市场风险等）如果长期得不到控制，最终也会以流动性风险的形式爆发出来。1997年亚洲金融危机的教训之一就是巨额不良贷款成为银行陷入支付危机的重要原因。因此，流动性管理对于商业银行至关重要，一家银行的流动性管理能力是这家银行在实现其长期目标中整体管理水平的重要标志。

银行流动性供给源于银行流动性需求，它是流动性风险管理的重要手段。商业银行的流动性供给由四部分构成：①现金作为一级储备，包括库存现金、存放中央银行的存款准备金、存放同业款；②一年内短期有价证券作为二级储备；③贷款；④长期有价证券。因此，商业银行主要利用债券市场提供流动性供给，商业银行持有大量国债，将其视为投资工具和流动性管理工具。Kashyap、Rajan和Stein（1999）认为，银行是流动性的提供者，为应对流动性需求，提供即期流动性的银行必须事先进行有成本的投资，即持有大量现金和有价证券。商业银行在中央银行的再贷款比重在不断下降，绝对数在不断减少，从而使其以直接信用借款方式获得中央银行再贷款的难度加大，不得不改变为出售有价证券取得必要流动性，即通过有价证券与基础货币的互换而取得必要的资金。此外，商业银行负债流动性的获得主要是通过银行间债券市场的国债回购交易、辅以同业拆借业务。

2. 债券投资是商业银行优化资产配置的重要渠道

在分业经营体制下，商业银行投资渠道相对狭窄，投资品种稀少。国内商业银行的盈利资产主要是信贷资产、备付资产与债券资产。由于受商业银行资本充足率的约束，商业银行必须努力寻找风险权重低的资产，以减轻资本补充的压力，而债券资产尤其是低风险的国债、金融债券、中央银行票据等债券资产无疑成为商业银行优化资产配置、降低资产风险权重的重要工具。另外，中央银行在2005年3月降低了超额准备金利率，迫使商业银行减持原有的备付

① 从历史上看，银行破产案无一不是直接由挤兑引起的，如芝加哥伊利诺伊大陆国民银行（Continental Illinois National Bank of Chicago）经历的严重现金短缺、1991年美联储强迫拥有100亿美元的迈阿密东南银行（Southeast Bank of Miami）关门歇业等案例。

资产，导致金融机构的超额准备率由 3 月的 4.17%下降到 4 月的 3.38%。因此，一方面商业银行“存差”不断扩大，另一方面信贷资产和备付资产均出现收缩，投资债券转而成为其主要的盈利途径与手段，从而推动商业银行持有的债券资产不断上升，致使大量银行资金涌入债券市场。

除了通过债券交易市场调整其资产结构之外，商业银行还可以通过发行市场来直接改善其资本结构。例如，自 2003 年起，银行发行次级金融债券用于补充资本金。2004 年初，原中国银行业监督管理委员会和国务院正式批准发行次级债补充国有商业银行资本金，通过发债补充附属资本，有利于改善银行资产状况和调整资产结构。自此，包括工商银行、中国银行、建设银行、民生银行、浦发银行、中信银行、上海银行等在内的多家银行纷纷通过这一方式有效改进了其资本结构。

3. 商业银行“存差”扩大是商业银行“青睐”债券投资的主要原因

2005 年年初以来，在我国金融运行“宽货币、紧信贷”的背景下，商业银行的各项存款稳步增长，贷款增长出现放缓迹象，加剧了银行资产的非贷款化倾向。以 2005 年 1—5 月为例，银行各项存款环比增幅为 1.24%，而各项贷款环比增幅仅为 0.61%，并且 5 月出现了贷款负增长，与此同时，债券投资环比增长了 2.71%，5 月末，银行的“存差”同比增速由年末的 28.7%上升到 40.6%，规模也由 2014 年末的 63162 亿元扩大到 76574 亿元。在日益扩大的存差压力迫使下，商业银行需要提高资金使用效率和流动性管理水平，将在信贷市场收缩的资金转而投向投资品种充裕的货币市场，从而加大商业银行对货币市场交易尤其是债券投资的依赖性。

4. 债券投资日渐成为商业银行拓宽盈利渠道，进而实现自身盈利模式转型的有效途径

各商业银行的中间业务也大多瞄准了债券市场，如 2004 年推出的人民币理财产品就大多投向国债、金融债券等产品，通过理财产品为客户提供增值服务来拓展中间业务收入，开辟新的利润增长点。

（四）保险公司参与债券市场投资动机、偏好与行为

债券之所以成为保险公司的主要投资选择，是因为其所具有的特性与保险

资金运用的基本原则和要求相吻合。从资本市场可供选择的投资品种来看，债券具有收益稳定且易于测度、风险较低且易于管理、期限明确和变现力强等特点，与其他投资工具相比，其可以在很大程度上满足保险资金对安全性、流动性和收益性方面的基本要求，债券因此成为保险资产的主要组成部分。因此，债券投资已成为保险公司资产负债匹配管理的最重要手段，与其经营目标的实现，以及偿付能力和盈利能力密切相关。

1. 债券市场投资动机

债券市场可以较好地满足保险资金运用的要求。首先，成熟、健全的债券市场能够促进保险资产与负债的匹配，保证保险资金的安全运用。据测算，我国保险资金的来源，特别是寿险资金的来源中，20 年以上的资金约占 48%，5~20 年的资金约占 25%，5 年以下的资金约占 27%。这种期限结构，在固定收益类产品中只有债券品种的期限能够与之匹配。其次，成熟、稳定的债券市场可以为保险公司带来长期稳定的投资收益，提供足够的流动性，各类债券是保险公司理想的债券投资工具。从国际保险市场资产分布情况来看，自 1992 年以来，美国保险资产中债券的比例一般保持在 50%以上，最高比例达到了 64.4%；欧洲达到了 35%以上，最高达到 40%。再次，成熟、稳定的债券市场可以产生资本市场所公认的基准利率，为保险产品的定价、责任准备金的提取提供一个基本的参照。最后，成熟、健全的债券市场还可以为保险公司发行次级债券、补充保险公司附属资本、壮大资本实力、提高偿付能力创造条件。

2. 投资偏好与策略

对于寿险公司来说，资产负债匹配的要求是刚性的，尤其体现在期限和收益率的匹配要求上，或者体现在某一类寿险产品上。这就对投资目标和投资策略形成了明确的约束和限定。债券资产的选择必须在相当大的程度上与负债的期限一致，以确保偿付需要的足够现金流；债券的收益率要在保险期间内（可能跨过多个经济周期）在很大程度上覆盖寿险保单的内含利率，才能避免“利差损”及其对公司产生的严重影响。

3. 投资行为

在实际运作当中，保险公司仅充当持券人的身份，对于可介入的银行间债券市场，投资态度消极，缺乏主动性，而承销国债业务几乎还未展开。保险资金的债券投资主要是以“购买并持有”策略为主，债券的投资收益主要来源于利息收入。适合保险基金运用的长期债券回购很不活跃。

保险公司对债券的需求虽以长期性为主，但由于时机给付过程是随机的，仍要注意流动资产和负债的匹配，所以保险公司对投资工具的流动性有较高的要求。在债券流通市场不活跃的情况下，保险公司如果持有高比例的长期债券或者风险相对较高的企业债券，将面临较大的流动性风险。

（五）货币市场基金参与债券市场投资的动机与行为偏好

对货币市场基金的分析应该包括两个方面：

1. 货币基金的投资人分析

货币基金的投资人主要有三类：一是普通投资者，普通投资者主要把货币基金作为储蓄和投资替代品；二是机构投资者，机构投资者把货币基金作为流动性管理工具和无风险投资品；三是投机套利的机构，投资套利机构利用货币基金非正常偏高的收益，以回购资金对货币基金进行利差套利。

套利资金是货币市场基金的主要客户之一，也是货币市场基金的最大威胁。套利机构一般都是保险、信托、财务公司等金融机构，资金量庞大，是货币市场基金迅速扩大规模的便捷途径和优良客户。有的货币市场基金还要上门欢迎套利资金前来套利。被基金公司销售部门视为最佳客户，被投资部门视为嗜血的饿狼，套利资金这只“狼”，是货币市场基金自己培养出来的。为了争夺市场份额，货币市场基金以寅吃卯粮、公司资源支持等方法维持不合理的高收益，使货币市场基金收益率与短期市场利率出现了巨大的套利利差，有债券资产的机构可以以回购资金申购货币基金，因为没有申购、赎回费用，交易磨损很小，无价格风险，T+1 的流动性，25BP 的销售费返还，只要有利差，套利资金就会毫不留情地“杀入”。套利资金的理念是：送钱给我套，我为什么不要？直到把货币市场基金套回原形。套利机构一般都有基金投资规模限制，因此，一般都是在月初申购、月末赎回。收益率高低是它们投资的主要参考指标，哪个基金短期收益高就涌到哪里；还有的资金专门在节、假日期间利用货币市场基金进行套利，套利资金频繁地大额申购赎回对货币市场基金的正常投资管理、流动性管理、资产比例、久期控制都有很大的影响。

大多数货币市场基金已经采取措施限制套利资金的进入渠道，例如，几个大的货币市场基金达到一定规模后，限制新申购规模。华安基金于 2005 年 5 月发布公告称，从 5 月 13 日开始，申购旗下华安现金富利投资基金（以下简称“华安富利”）的大额投资者要受到一些条件的限制，具体为：截至 2005 年 5 月 12 日在华安基金登记在册持有华安富利份额 1 亿份以上的投资人，其可持有本基金的基金份额将以该日持有的本基金份额存量为上限；持有份额 1 亿份以下的投资人及新增投资人，自 2005 年 5 月 13 日起，单日累计申购本基金的限额为 1000 万元。南方基金管理公司也出过类似政策，其他公司也有用其他各种手段封堵套利资金。

2. 基金管理人行为对货币市场基金投资管理的影响

（1）基金公司经营目标对货币市场基金投资管理的影响。

由于货币市场基金规模庞大，发行简便，基金公司发行货币基金的目的，不单是完善产品线，更多的是迅速做大公司总体规模、提升公司品牌形象。由于货币市场基金管理费较低，必须有规模效应才能保证盈利，因此，货币市场基金的规模就成为基金公司的主要目标考核；尤其部分小的基金公司，虽然刚成立不久，但只要在货币市场基金上“冲刺”一下，便有可能迅速跻身于百亿基金的行列中。因此，货币市场基金已成为基金公司成立后的首选发行品种。

（2）业绩考核标准对基金经理投资行为的影响。

虽然多数货币市场基金对基金经理的主要业绩考核标准是基金规模，但由于套利资金的大量参与，货币市场基金的规模对业绩相当敏感，因此，基金经理必须努力保持基金收益率不低于市场平均水平，才能保证基金规模的增长。

在竞争市场份额的利益驱使下，个别基金开始以各种变通手段提高收益率，并以高收益作为市场卖点，基金份额迅速扩大。流动性和安全性一直是货币市场基金的主要特点，其他基金如果按照正常的组合投资管理策略运作，显然难以与其比肩。从货币市场基金经理的角度来看，选择违规操作以提高业绩，还是为自身职业生涯考虑守法经营？多数基金经理还是宁愿守法经营的，

但在基金规模一段时间始终不能扩大的时候，基金公司上层往往开始给基金经理施加压力，在稽核风控部门的默许和投资主管同意后，基金经理不得不“随波逐流”，开始使用各种手段提高收益。

第四节 中国债券市场的制度约束

一、新制度经济学的研究视角

新制度经济学对理解我国经济体制的演进路径非常有利。它认为，制度安排是支配经济单位之间合作与竞争的一套行为规则，其主要作用是提供一种结构使其成员间合作减少不确定性，从而获得结构外不可能获得的追加收入。随着风险、市场规模、交易费用以及外部环境等因素的预期变化，新的获利机会出现，从而打破原有的制度均衡。如果预期制度收益超过新制度安排的成本，一项制度安排就会被创新。潜在的外部收益通过何种制度变迁方式获取，取决于一个社会各利益集团之间的偏好结构与权力结构，也取决于制度安排所提供的服务内容和质量。一般有两种外部利润内在化的方式：一是自下而上的诱致性制度变迁，即在给定约束条件下，个人或集体为确定预期能导致个人利益最大化的制度安排和权利界定而自发组织实施的创新；二是自上而下的强制性制度变迁，即权力中心凭借行政命令、法律规范以及经济政策激励组织实施制度创新。

政府强制性制度变迁一般发生在制度突变初期，导致制度结构的重新整合。在整合过程中，“搭便车”是制度变迁所固有的问题，自发过程的新制度安排的供给将少于最佳供给。政府（第一行动集团）采取行动矫正了制度供给不足，但政府在建立最有效的制度安排方面存在很多潜在的失败因素，如意识形态、集团利益冲突与社会科学知识的限制等，因此在制度安排突变初期仍要以政府为主导，减少“公共领域”的交易成本。而诱致性制度变迁则一般发生在新制度安排中后期，其他利益机构（第二行动集团）不仅适应新制度安排，而且还要适应由此形成的新制度结构。在一项新制度安排与原有制度结构相互影响、相互作用的过程中，制度不均衡产生原有制度结构不可能获得的外部利润，其他利益机构分享这部分收益，总收益增加，实现外部收益内在化。在利益驱动下，其他利益机构在新制度结构内自发地进行制度创新，形成与新制度安排相适应的制度结构及组织。

始于 20 世纪 70 年代末的中国的经济改革以经济增长和国民富裕为目标，在“摸着石头过河”“不管白猫黑猫，抓住老鼠就是好猫”的思路下，经过十多年的改革和发展，“非国有经济在整个经济中的比重开始超过了计划经济，市场制度在双轨经济体制中的作用已经超过了计划经济，中国开始在对外贸易中扮演强有力的竞争者的角色，财富似乎在大量涌流，这样的收获甚至超出了那些为市场化改革或大声疾呼、或苦心设计的人们的预料”（盛洪，1993）。如何解释中国式市场化道路的奇迹呢？一方面，国内主流经济学以“有计划的商品经济”“利用了价值规律”“生产关系经过调整适应和解放了生产力”的基本模型予以解释；另一方面，20 世纪 90 年代初，新制度经济学开始在我国盛行，学术界出现了用制度变迁理论解释中国经济增长的模型，在认同“改革就是制度变迁”（盛洪，1990；苗壮，1992）的基础上，对比俄罗斯的改革，总结“摸着石头过河”的改革道路，一批经济学家对“渐进式改革”进行了探讨，提出中国改革的“渐进性”（盛洪，1990；苗壮，1992；张军，1993；林毅夫、蔡昉和李周，1993；刘铁民，1994）。

对于中国制度变迁的推动力量，一般认为具有“政府主导型”特征。这意味着要理解中国的改革过程，必须要先理解政府的行为（周业安，2000）。理由在于，中央政府拥有绝对优势的政治力量及资源配置权，且为追求特定的政治和经济目标也必须通过制度变革来实现经济增长（杨瑞龙，1993）；另外，巨大的财政压力迫使中央向地方分权，并促使政府改变现存的制度安排（张宇燕、何帆，1997；何帆，2002）。张宇燕（1994）指出，在处于计划经济向市场经济转型过程中的国家内，会产生一些新兴的利益集团。这些利益集团虽仅注重其自身利益，但其活动——积极参与有助于市场化改革——的结果却在不知不觉中带来了一种“溢出效应”，即在使自己方便地进入市场的同时，也为其他潜在竞争者创造了参与市场竞争的条件。由此，市场的进入壁垒开始松动，且阻碍市场导向式经济改革的官僚利益集团开始瓦解，社会经济繁荣的步伐亦开始迈出了。沿着该思路，政府在财政压力下进行制度变革，新兴的经济组织在制度释放的环境中不断成长，这样政府与新兴经济体之间的合作促使了中国经济20年的增长。

笔者认为，中国债券市场的改革是整个经济体制改革中的一部分，因而其制度安排必然与后者保持基本一致，而且也必然延续后者的渐进式改革的思路。因此，政府的主动干预与市场制度自发的演进力量共同决定了中国债券市场的制度变迁路径。不过，由于政府在制度变迁过程中无疑居于绝对的主导地位，因此，研究政府的行为特点对理解整个债券市场制度变迁过程尤为必要。

二、制度供给的主体分析：政府行为

寻找中国债券市场主体定价偏离的制度性根源的逻辑出发点，必然是中国债券市场的演进与变迁，因为主体的行为受到债券市场制度的影响与制约。而如果要准确地把握我国债券市场的演进与变迁，则又必须对整个中国证券市场、金融市场乃至整个市场经济体制改革有清晰的理解。基于这一认识，笔者必须首先从整个经济体制改革的角度（或高度）来看待债券市场主体的定价行为，而任何孤立地、片面地甚至武断地认为仅仅是我国债券市场主体的有限理性或者水平落后使然的看法，都是不科学和不严谨的。

（一）政府行为的有限理性

从整个制度变迁进程来看，政府在向社会提供秩序和政策方面处于自然垄断地位，政府可以运用其独有的强制力量，影响社会资源配置的效率和方向，因此，中央政府是强制性制度变迁的主体①。

① 不过，杨瑞龙（1993，1994）提出“供给主导型制度变迁方式”的理论假说。该假说认为，在政府主导型制度变迁方式下，可分享剩余索取权和拥有资源配置权的地方政府在一定阶段扮演制度变迁“第一行动集团”的角色。为了证明这一点，杨瑞龙（1998）以江苏昆山经济技术开发区为例，提出了“中间扩散型制度变迁方式”模型。其后，杨瑞龙和杨其静（2000）还建立了一个三方博弈模型，重点研究在向市场经济的过渡过程中中央政府、地方政府和微观主体之间的博弈过程及其经济后果。该模型证明，正是由于地方政府的介入才使渐进式改革得以相对平稳地推进，并且能以较低的摩擦成本加快中国的市场化进程，从而使中国的制度变迁路径表现出阶梯状的特征。

然而，任何政府都不是抽象的，中央政府自然也不例外。政府是一个由具体人员构成的政治机构，正如在现实社会中经济人并非完全理性一样，政府同样是有限理性的。这表现在，政府在决策时也需要在大量的信息支持下进行，需要付出成本进行搜寻。另外，经济生活中信息存在的方式往往呈现出离散状态，政府的科层结构决定了进入政府的信息在传递的过程中有可能出现遗漏和扭曲。由于认知水平的局限，政府对复杂的、动态变化的经济现象的认识往往存在一定的滞后性，可能并不能及时意识到经济生活中存在的问题。因此，政府总是受到其认知水平的制约，只能在其拥有的有限信息条件下进行决策。

进一步而言，即使意识到了经济生活中存在的问题，政府也可能缺乏关于如何行动的知识。因为在经济生活中，政府的控制能力和范围都很有限。除了政府之外，市场同样在经济活动中发挥着巨大的作用，因为政策作用的主体会对政府政策采取应对措施，而经济中存在的众多“棘轮效应”都是政府所难以预料和防范的，从这一意义上来讲，在某一特定阶段，政府所能选用的政策也是有限的。

因此，即便是政府主导创立的制度，由于制度运行过程中参与主体行为和与之相联系的经济系统本身的极度复杂性，政府本身也不可能实现对市场进程的完全控制。政府所提供的政策在现实经济中的变化、发挥的作用和实施的结果也都是其制定者所难以预测的。因此，超越所处的阶段对政府提出更高的要求事实上并不现实。

（二）转轨市场中政府行为目标的多元化

除了政府的有限理性之外，还有一个重要因素直接决定了政府在制度供给过程中的效率，那就是政府的行为目标。

在成熟的市场经济国家，由于其各项制度如多层次的市场体系及大量正式、非正式的规则系统，大多是长期自然演化过程的结果，因而，政府行为的主要目标是提供保护性职能、再分配产权、维护宏观经济稳定、提供经济基础设施和各类公共服务、制定对外政策；而在转轨国家中，长期的资源利用效率低下暴露出了制度对生产力的强烈制约，经济发展和体制转型是所有转轨国家的政府必须同时面对的两大问题，因此，转轨国家政府不但要与成熟的市场经济国家中的政府一样承担上述职能，还必须主动参与制度变迁，换言之，政府不仅是经济秩序的维护者，而且是建构秩序主要推动者和参与者。

就我国债券市场而言，由于是从计划经济发展而来的，作为制度供给主体的中央政府尚不能对其本身的经济利益作出明确的界定并作为唯一的目标去追求，而是掺杂了较多的政治、社会利益甚至意识形态等因素。显然，在经济转轨时期，保持稳定的政治、经济秩序符合中央政府的根本利益，在此前提下，债券市场的长期健康发展反倒是一种次要的选择。因此，中央政府总是在对其根本利益目标进行成本与收益比较分析后，才决定是否对债券市场实施相应的制度供给，并据此对债券市场进行频繁的管理与调控。可见，中央政府对其根本利益目标的权衡乃是其制度供给的利益驱动力。

新兴市场国家的政府在发展债券市场中履行培育市场发展和监管市场的职能。这主要是因为，新兴的债券市场一般规模小、基础薄弱；市场参与者对债券市场认识不足，知识储备不足；许多规章带有实验性，市场制度尚不健全。如果完全依靠自律，则市场中可能出现欺诈横行，使部分参与主体承担巨额的信息成本和交易成本，最后危及制度本身。因此，政府的行为目标，除了债券市场监管的基本职能，还需要主动采取多种扶持政策，培育债券市场微观结构，推动债券市场的发展。但在现实活动中，这种多元化的政府行为目标，往往存在着冲突，很可能演化为对债券市场的过度干预。

在成熟的市场经济国家，政府行为运用的手段主要是经济和法律手段；而在我国，政府有着广泛的影响力，以行政手段推进市场化进程是一个必要的过程。在这一过程中，政府以非市场的行政力量不但参与设立市场，而且积极培育与发展市场，逐步放弃对社会经济的全面管制，逐步提高市场自主决策的比例，推动整个社会向市场经济体制前进。从整个社会制度变革的宏观角度考察，在一定限度内政府的行政力量推动市场化进程是有效率的，因为它确实能提高制度变革的规模效益、节省改革成本、缩短改革进程，但也往往带来了行政力量在市场中的深度介入，这一点已经在我国债券市场变迁过程中得到充分的体现，而且其影响仍然成为今天改革所面临的较大障碍。

三、中国债券市场的制度性变革

在深刻理解中央政府在债券市场中的作用之后，全面刻画整个债券市场的制度变迁进程，无疑对于认识债券市场主体的定价偏离行为颇有裨益。

债券市场的制度性变革更多地体现在银行间债券市场。自2000年起，银行间债券发展速度加快，2002年产品创新和制度创新加快，在市场管理主体——中国人民银行、中介服务主体、发行主体以及市场投资交易主体共同参与和推动下，管理主体从发展社会主义市场经济的内在要求出发，依靠市场主体的积极性和创造性，遵循金融产品创新和金融市场建设的客观规律，坚持创新力度、发展速度和市场承受度的有机统一，循序渐进，使中国债券市场步入了制度变革的快速发展轨道。

（一）市场建设方面实现了新的突破

2002年，银行间债券市场在市场建设方面实现了新的突破。一是扩大和规范市场的微观主体。准入备案制的实施、国债柜台交易的开通和非金融机构通过结算代理业务入市，使银行间债券市场的市场建设进一步得到了完善；2004年7月22日，中国人民银行发布《中国人民银行关于批准招商银行等6家金融机构成为银行间债券市场做市商有关事项的通知》（银发〔2001〕75号），将双边报价商数量扩大为15家，同时将双边报价商正式更名为“做市商”。截至2007年，银行间债券市场有15家做市商，少数券种（多为中央银行票据和跨市场券种）有多家报价商。做市商制度推出后，双边报价券种成交逐步活跃，2003年双边报价券种成交占市场总成交的比例达55.23%，双边报价起到了活跃市场的作用，公司债券得以在银行间债券市场流通交易。2004年12月，中国人民银行出台了《银行间债券市场债券交易流通审核规则》，允许公司债券在全国银行间债券市场交易，对提高公司债券市场流动性和扩大市场规模起到了积极作用。二是不断完善市场法律制度体系，配合新的金融创新产品的推出，中国人民银行先后发布了《商业银行次级债券发行管理办法》《全国银行间债券市场债券买断式回购管理规定》《全国银行间债券市场债券远期交易管理办法》《全国银行间债券市场金融债券发行管理办法》《短期融资券管理办法》《信贷资产证券化试点管理办法》《国际开发机构境内人民币债券发行管理暂行办法》等一系列的规章制度。三是加强市场基础设施建设，在银行间债券市场实现券款对付（DVP）结算和债券交易结算的“直通式处理”。2004 年 11 月 8 日，银行间债券市场簿记系统与支付系统顺利连接，实现了券款对付结算，这是我国债券市场基础设施建设方面取得的重大进展，大大提高了市场的运行效率，有效降低和控制了结算风险。

（二）发行市场更加规范与透明

在发行市场方面，国债发行透明度明显提高，已经做到提前公布记账式国债季度发行计划、关键期限记账式国债全年发行计划以及凭证式国债全年发行计划。国债定价机制也不断完善，在坚持优胜劣汰和基本稳定的前提下，建立了凭证式国债承销团制度和记账式国债承销团制度，不断改进承购包销和公开招标两种发行方式，并积极推出国债预发行交易制度，强化国债发行的价格发现功能，确保国债平稳发行。同时，推出关键期限国债品种，实现定期、滚动、均衡地发行 1 年期、2 年期、5 年期和 7 年期四种关键期限国债，以期建立完善的国债收益率曲线。在交易市场方面，国债流动性不断增强，国债交易制度不断创新，逐步建立了交易所“场内市场”和银行间“场外市场”相结合，国债现券交易、回购交易和远期交易方式并存的国债市场运行体系，先后推出了净价交易、记账式国债柜台交易试点等改革措施，并尝试进行了国债提前兑付和发行滞后缴款操作，初步达到了节省利息支出和提高财政资金效益的目的，有力地促进了国债市场的发展和完善。

（三）产品创新取得突破

银行间债券市场在债券品种结构上主要存在两大问题：一是以商业信用为基础的债券品种严重缺乏；二是市场避险产品和工具严重不足。针对这种状况，中国人民银行加快了产品创新的步伐。其一是推动商业银行发行次级债券。为改善商业银行资产质量、提高资本充足率、推进国有商业银行股份制改革的进程，2004 年 6 月，中国人民银行出台了《商业银行次级债券发行管理办法》。截至 2005 年末，商业银行次级债券已累计发行 1943 亿元。其二是推动金融机构发行普通金融债券。为拓宽金融机构直接融资渠道、解决其长期存在的资产负债期限结构错配问题，中国人民银行在2005年4月27日发布了《全国银行间债券市场金融债券发行管理办法》，允许商业银行发行普通金融债券筹措资金。截至2005年10月末，上海浦东发展银行、招商银行和兴业银行分别发行了70亿元、100亿元和100亿元金融债券。其三是推动企业短期融资券发行。为改善企业融资结构不合理、融资渠道不通畅等现状，鼓励有竞争实力的企业直接进入资本市场融资，降低融资成本，中国人民银行在2005年5月先后发布了《短期融资券管理办法》及配套文件。截至2005年末，共发行企业短期融资券1392.5亿元。企业短期融资券的发行和流通，是企业融资方式的重大突破。其四是推动资产证券化试点工作。资产证券化有助于改善银行存贷期限错配状况，提高资本充足率，分散信贷风险。2005年4月20日，中国人民银行和原中国银行业监督管理委员会联合发布了《信贷资产证券化试点管理办法》，对资产证券化所涉及的一系列问题进行了规范，启动了信贷资产证券化的试点工作。2005年12月15日，国家开发银行和中国建设银行分别成功发行41.77亿元信贷资产支持证券和30.17亿元住房抵押贷款支持证券。资产证券化的推出，对提高金融机构直接融资比重、改善其资产负债结构起到积极作用。其五是金融衍生产品实现零的突破。在2004年推出买断式回购的基础上，中国人民银行进一步加大对金融衍生产品的开发力度，于2005年4月和6月分别发布了《全国银行间债券市场债券远期交易管理规定》《全国银行间债券市场债券远期交易主协议》《中国人民银行关于全国银行间债券市场债券远期交易信息披露和风险监测有关事项的通知》，推出了债券远期交易。债券远期交易可以有效地帮助投资者规避利率风险，提高市场流动性，促进价格发现功能的实现；同时，为中国人民银行制定和执行货币政策提供参考信息，对完善我国债券市场产品结构、促进债券市场乃至中国金融市场的发展具有重大意义。

（四）债券市场对外开放程度不断提高

从2002年开始，国际金融公司、亚洲开发银行等国际开发机构就寻求在中国境内发行人民币债券筹资，满足其贷款需求。在深入研究的基础上，

2005 年，中国人民银行会同财政部、国家发展和改革委、证监会等部门推出了《国际开发机构境内人民币债券发行管理暂行办法》。同年 10 月 14 日，国际金融公司和亚洲开发银行获准在银行间债券市场分别发行人民币债券 11.3 亿元和 10 亿元，标志着我国债券市场对外开放迈出了重要的一步。泛亚债券指数基金（泛亚基金，PAIF）和亚债中国基金经批准已进入银行间债券市场，成为银行间债券市场引入的第一家境外机构投资者。境外机构投资者的引入不仅可以带来成熟的投资理念和完善的治理结构，还有利于培育和完善我国的机构投资者队伍。允许国际开发机构到我国债券市场发行人民币债券，是我国债券市场国际化的重要一步。

银行间债券市场成为我国债券市场的主导市场，并且在社会经济和资本市场的重要性越来越强，实现这一过程经历了艰难的制度变迁的五个阶段：第一个阶段，中央银行作为制度变迁的“第一行动集团”，积极推动了债券市场的发展，尤其是银行间债券市场的发展；第二个阶段，中央银行组织和计划制度变迁的方案：第三个阶段，评估和选择制度变迁方案；第四个阶段，自 1997 年开始，执行新制度安排的“第二行动集团”形成，包括财政部等债券发行主体和投资者；第五个阶段，两个“集团”通过制度变迁而共同实现外部收益内在化。中央银行建立的场外债券市场的新制度安排满足了其进行货币政策调控的目标，也在一定程度上控制了因违约运作导致金融机构破产而由其买单的风险。对于债券发行主体而言，其在市场上筹集的资金不断增多。债券的投资交易主体则满足了其流动性以及资产配置方面的要求。正是由于三者的共同努力，推动了债券市场的制度创新，而且也将继续推进债券市场的发展。

四、仍然存在的制度性约束

我国的债券市场经过多年的发展，无论是债券市场的债券发行量、交易量，还是投资者的数量等方面，都已经取得了巨大的成就，但仍然存在较多的制度性约束。正是这些约束，导致了债券市场主体的定价偏离行为，主要表现在以下几个方面：

（一）“政出多门”的监管体制

中国债券市场尚未建成统一的监管体系，难以形成合力。在债券发行市场上，国债发行的一开始（1981 年）就基本上由财政部和中国人民银行共同监管。财政部根据国家预算安排确定国债的发行规模，具体的发行条件和发行利率则由财政部与中国人民银行共同协商决定。中国人民银行管金融债、财政部管国债、国家发展改革委管企业债、证监会管上市公司的可转债和证券公司债。在债券交易市场上，监管部门分工一开始就不明确，基本上由财政部和中国人民银行共同负责。原国务院证券委（以下简称原证券委）和证监会成立后，由证券委和证监会负责整个证券市场（债券市场、股票市场和金融衍生品市场）的监管。债券交易市场就由原证券委、证监会、财政部和中国人民银行共同管理，其中，中国人民银行主要监管银行间债券市场，证监会主要负责交易所市场的监管。这种多头监管模式存在很大弊端，导致以银行间债券市场为主的中国债券市场模式缺乏统一、长远规划，容易造成监管标准和交易规则不统一，使市场参与者无所适从。单就银行间债券市场本身监管而言，也缺乏集中统一的组织管理机构。银行间债券市场成立之初，管理层从风险防范的角度出发，对银行间债券市场的总体架构注重于建立互相监督、互相制约的一种组织、协调和管理关系。在管理体系上主要体现为由中国人民银行货币政策司负责拟定市场的总体发展纲要和业务管理，借助外汇交易中心交易网络平台完成前台交易，以中央结算公司的中央国债簿记系统完成后台的登记、过户和托管，以中国人民银行资金清算系统完成交易双方的资金清算。从总体上看，这一管理体制在风险防范上避免了证券交易所将风险过于集中于自身的不足，对市场的风险控制起到了积极作用；但资金流通的高效性和风险性要求银行间债券市场的管理必须建立在集中统一的组织管理体制之下。银行间债券市场的日常管理主要通过外汇交易中心和中央结算公司来承担，两者分别是各自独立的事业法人主体，对市场发展的认识存在一定的差异，在制度的制定，技术的服务，资源的开发、研究和利用等方面也未形成合力。

（二）政府管制仍然较多

虽然债券市场已经取得了很大的成就，市场发展的自由度已经有了较大的

发展，然而政府对债券市场的管制仍然较多，主要包括对企业债券市场的管制，以及对新产品推出的管制。从全部债券的发行来看，以银行信用为背景的金融债券发行量，仅次于基于政府信用背景的中央银行票据和国债。2004 年，用于对冲外汇占款的中央银行票据占全部债券发行量的60%，记账式国债占比达到 17%，国家开发银行和商业银行发行的金融债券、次级债券占比为 21%，而企业债券和可转债占比不足 1%。如果考虑到国家开发银行国家政策性的背景，则国家信用的占比高达 70%。随着商业银行资本充足率管理办法的实施，可以预见，未来由商业银行发行的次级债券和其他金融债券或将呈现上升势头。综上可见，从债券种类上看，我国债券市场是以政府及金融机构债券为主体的市场，而与经济活动的主体（企业和居民）相关的债券则严重缺乏，而在发达经济体，债券市场主要是服务于企业和居民筹资需要的。因此，这是我国债券市场最严重的缺陷。我国债券市场的发展极不平衡，突出地体现在企业债券市场的落后。一方面，我国公司债券的市场规模还偏小。2001 年末，美国公司债余额占当年 GDP 的比重为 36%，而同期我国的这一比例为 1.2%。公司债在我国资本工具结构中所占比重偏低。2001 年，美国公司债券融资总额是其股票融资总额的 7.5 倍，而同期我国这一指标仅为 11.74%。另一方面，从市场深度来看，我国公司债券市场表现出明显的形式单一、品种单一、结构单一的特征，发债主体较为狭窄，公司发债实行严格的担保制度，而且发债主体主要是国有大中型企业。

（三）银行间债券市场与交易所债券市场分割

一国需要有一个政府债券市场作为债券市场的核心，同时也需要有一个高流动性的、适合大宗交易的场外债券市场为债券市场的主体。银行间债券市场交易的券种包括国债、中央银行票据和政策性银行金融债券，都属于政府债券和准政府债券，这构建了我国政府债券市场；同时，我国银行间债券市场推行双边报价商和场外询价制度。2003 年末，银行间债券市场交易量超过 17 万亿元，比 1997 年增长了 20 倍，无疑银行间债券市场具备成为中国债券市场主体的条件。但由于债券监管序列方面的条块分割，银行间债券市场与交易所市场在交易主体、交易品种、托管方式等方面存在较大的分割。

（四）投资交易主体仍显单一

我国债券投资交易主体并非多元化，商业银行仍是债券市场资金最主要供应方。2004 年，商业银行在发行市场认购份额达到 61.8%，投入债券市场和货币市场的资金规模为 8000 亿元至 9000 亿元。商业银行占到银行间债券市场总托管量的 70%，而保险公司、基金公司、农信机构的持仓比重只有 6%、4%和 3%。从商业银行内部来看，工、农、中、建四大银行和股份制银行所占比重较大，分别占 52%和 12%，城市商业银行占 5%的市场份额。这说明我国债券市场对于商业银行，尤其是国有控股大型商业银行和股份制商业银行依赖程度较高，其他机构发展相对滞后。非金融机构只能做现券和正回购，这表明非金融机构进入市场还存在着政策上的障碍。银行间债券市场的交易主体仍然是以商业银行为主的金融机构，还没有覆盖全社会的各类投资者。交易主体同质性，必然使其对债券需求表现出很强的一致性，而需求的一致性则必然带来交易行为的趋同性。在银行间债券市场中，尽管各类金融机构的交易活跃程度不一样，但一个非常明显的现象是：包括国有控股大型商业银行、股份制银行、城市商业银行、农村商业银行和农村信用合作社等在内的银行类金融机构存在着同买同卖现象，且当期的买入行为会导致随后的交易量增加，当期的卖出行为则会使随后的买、卖交易发生萎缩。这种现象不仅表明银行类机构具有类似的资产配置行为，而且也说明这个市场是个买涨不买跌的“单边市”。换言之，无论是金融机构私下进行的开放式回购交易，还是公开的买断式回购，总体上都无法对冲债券价格下跌的风险，还会使市场交易不活跃，市场的价格发现功能难以得到充分发挥。事实上，在一个成熟完善的债券市场中，商业银行不会是市场的主要投资者，参与主体应当包括所有金融机构、非金融机构的企业和居民等。债券市场在发展过程中本来就会形成与传统商业银行贷款业务的激烈竞争，会对商业银行的贷款产生排挤作用，因此，商业银行不应该是债券市场的主要投资者。但在我国，由于商业银行还是债券市场的主体。造成商业银行不断增持债券的内在动力是控制其已经明显偏高的信用风险水平；随后，银监会的成立，国内明显加强了对商业银行信用风险水平的监管，并且提出了资本充足率达到 8%且坏账率不断下降的目标。在这一背景下，商业银行为了

降低不良资产的比例，不断地增持债券，因为就银行间债券市场的品种而言，几乎不存在信用风险，因此即使在债券市场收益率已经出现倒挂的情况下，投资债市的热情也仍然不减。当然，还有另外一个更加根本性的原因导致了商业银行的“惜贷”行为，那就是国内的信用环境不佳，企业逃废债行为较为严重。

第四章 主体行为因子的偏离度模型检验

如第二、三章所述，金融生态对主体的定价行为产生了重要影响，但是无论何种生态要素对主体产生的影响最终都体现在主体行为上。通过心理实验，笔者发现，主体定价过程中存在一些行为因素，如圈子效应、同质效应、羊群行为、投机行为、情绪与环境影响、损失厌恶、过度自信等。这些行为因素对定价偏离到底影响有多大？哪些行为会在其中发挥主要的作用？本章以心理实验的数据为样本，运用 Logit 建模方法，建立定价偏离度检验模型，分别对发行市场、交易市场的各行为因子进行偏离度实证检验，得出影响债券定价的主要行为因子，并提出减弱定价偏离的对策。

第一节 模型变量设计

本书将研究对象界定为定价过程中的投资交易主体，主要是因为尽管管理主体和发行主体在债券定价过程中发挥了重要的作用，但是定价毕竟只是投资交易主体之间的行为，更准确地说，只是投资交易主体在一定约束条件下的自主决策行为。本书主要采用 Logit 模型估计的方法，而对 Logit 模型估计结果的评价，主要采用拟合优度和模型的分类表指标。本书主要采用 Hosmer-Leme-

show（以下简称 HL）拟合优度指标和分类结果表。

在模型中，因变量 Y 的含义为“定价是否偏离理论定价模型”，其中，$Y=0$，代表不偏离，即按照理论定价模型或收益率曲线来确定价格；$Y=1$，代表偏离，即不按照理论定价模型或收益率曲线的价格确定价格。债券定价主要涉及两个方面：一是发行市场定价，用 Y_1 表示；二是交易市场定价，用 Y_2 表示。因变量 X_i 为影响主体定价偏离的行为因子，主要包括决策机制、风险态度、心理偏好等方面。当 X_i 赋值为 1 时，表示容易造成偏离；当赋值为 0 时，则表示不易造成偏离。由于年龄、学历以及投资年限这三个变量是否造成偏离的影响不确定，笔者认为越有可能导致定价偏离的选项赋值越大，比如，年龄 28 岁以下（含）的投资者被认为容易冲动、不够理性，因而可能容易出现定价偏离，所以赋值为 3；而 40 岁以上（含）的投资者则被认为经验丰富、不易定价偏离，因而赋值为 1。其他的与此类似，具体参见表 4-1。

表 4-1　解释变量说明

变量名	含义	取值范围	变量名	含义	取值范围
X_1	性别	0=男性，1=女性	X_8	个人投资决策权限	0=较小，1=较大
X_2	年龄	1=40 岁以上（含）， 2=28~40 岁， 3=28 岁以下（含）	X_9	债券市场的系统性风险水平	0 = 较低，1 = 较高
			X_{10}	投资理念是否成熟	0=是，1=否
X_3	学历	1=本科以上， 2=本科以下（含）	X_{11}	利率风险衡量与管理水平	0 = 较高，1 = 较低
X_4	投资年限	1=5 年以上（含）， 2=2~5 年， 3=2 年以下（含）	X_{12}	资金宽裕程度的影响	0=否，1=是
			X_{13}	货币政策的一致性及其制定的透明度	0=否，1=是
X_5	机构类型	1=银行类， 2=非银行类	X_{14}	债券发行规则和时机选择	0=否，1=是
X_7	营运资金规模	1 = 50 亿元人民币以下， 2 = 50 亿至 500 亿元人民币， 3 = 500 亿元人民币以上	X_{15}	是否存在成熟的债券定价模型或收益率曲线	0=是，1=否
			X_{16}	是否存在较为合理的浮动债券定价基准利率	0=是，1=否

续表

变量名	含义	取值范围	变量名	含义	取值范围
X_{17}	定价是否主要依靠直觉判断	0=否，1=是	X_{27}	给熟悉程度不同的机构的报价是否完全一样	0=是，1=否
X_{18}	资金实力雄厚的大机构能否主导债券的定价	0=否，1=能	X_{28}	给资金实力不同的机构的报价是否完全一样	0=是，1=否
X_{19}	是否跟随大机构的定价策略	0=否，1=是	X_{29}	不同类型机构是否偏好不同类型债券	0=是，1=否
X_{21}	是否出于投机目的而投资债券市场	0=否，1=是	X_{31}	是否受周围同事影响	0=否，1=是
X_{22}	个人情绪是否会影响到投资决策	0=否，1=是	X_{32}	是否经常后悔	0=否，1=是
X_{23}	是否过度交易	0=否，1=是	X_{33}	是否有恐惧心理	0=否，1=是
X_{24}	是否风险中性	0=是，1=否	X_{34}	是否损失厌恶	0=否，1=是
X_{25}	是否集体决策	0=是，1=否	Y_1	是否定价偏离（发行市场）	0=否，1=是
X_{26}	是否过度自信	0=否，1=是	Y_2	是否定价偏离（交易市场）	0=否，1=是

本书所指定价偏离，是指在发行或交易市场投资交易主体不按理性预期定价模型给出定价的情形，这是一种主观意愿或行为。笔者完全有理由认为，不按理性预期定价模型给出报价的必然结果是，最终的定价结果与定价模型得出的理论定价存在偏差。当然，还有一种情况，自己原本是按照定价模型定价的，但是结果却与最终的结果出现偏差，出现这种情况可能有两个原因：一是定价模型原本不够准确；二是由于大多数投资交易主体都不按其定价导致最终结果的偏离。实质上，第二种情况也主要是由主观定价偏离引起的，因此本书主要讨论主观定价偏离的情况。

第二节　模型数据处理

笔者于 2006 年 5 月下旬通过某银行资金交易中心的投资研究、交易人员，向市场机构共发放问卷 56 份，收回问卷 56 份，其中有效问卷 56 份，有效回收率为100%①。对每一个机构只发一份问卷，而且，笔者调查的机构类型，只包括一些较大的具有投资定价能力的机构，主要是在中央结算公司一级托管机构中的甲类和乙类机构，而这两类机构的数量截至2005年底也只有850家，因此，笔者所调查的机构数占到了全部机构的6.6%，由此表明笔者的调查问卷具有相当的代表性。

笔者首先对统计的结论按照个体特征以及定价行为因素两个类别分别进行了统计，见表4-2、表4-3。从表4-2中可以发现，在调查者所在机构中，57.1%都是采用以领导拍板或交易员决策为主的机制，而且认为个人投资决策较大的人占到了78.6%。这表明个人在机构投资决策中发挥了至关重要的作用，因此对主体行为的研究可以通过对主体中关键人物的研究来实现。从表4-3中可以看出，有94.64%的调查对象认为，货币政策的一致性及其制定的透明度对债券定价有影响，这一选项比例在所有行为因子中是最高的。

表4-2　投资交易主体的个体特征指标统计

变量名	分类指标	比例（%）
性别	男性	78.57
	女性	21.43
年龄	28岁以下（含）	25.00
	28~40岁	69.64
	40岁以上	5.36
学历	本科以下（含）	23.21
	本科以上	76.79
投资年限	2年以下（含）	10.71
	2~5年	39.29
	5年以上（含）	50.00
机构类型	银行类	44.64
	非银行类	55.36

① 由于银行间债券市场的询价交易制度的特性，机构之间的交往密切，这无疑确保了调查问卷的准确且按时回收。

续表

变量名	分类指标	比例（%）
营运资金规模	50 亿元人民币以下	39. 29
	50 亿至 500 亿元人民币	42. 86
	500 亿元人民币以上	17. 86
个人投资决策权限	较小	66. 07
	较大	33. 93

表 4-3 影响投资交易主体定价行为因子统计

变量名	分类指标	比例（%）	变量名	分类指标	比例（%）
债券市场的系统性风险水平	较低	21. 43	个人情绪是否会影响投资决策	否	8. 93
	较高	78. 57		是	91. 07
投资理念是否成熟	是	8. 93	是否过度交易	否	89. 29
	否	91. 07		是	10. 71
投资机构的利率风险衡量与管理水平	较高	8. 93	是否风险中性	是	82. 14
	较低	91. 07		否	17. 86
资金宽裕程度的影响	否	46. 43	是否集体决策	是	42. 86
	是	53. 57		否	57. 14
货币政策的一致性及其制定的透明度	否	3. 57	是否过度自信	否	50. 00
	是	94. 64		是	50. 00
债券发行规则和时机选择	否	7. 14	给熟悉程度不同的机构的报价是否完全一样	是	32. 14
	是	92. 86		否	67. 86
是否存在成熟、可供借鉴的债券定价模型或收益率曲线	是	17. 86	给资金实力不同的机构的报价是否完全一样	是	44. 64
	否	82. 14		否	55. 36
是否存在较为合理的浮动债券定价基准利率	是	26. 79	不同类型机构是否偏好不同类型债券	是	41. 07
	否	73. 21		否	58. 93
定价是否主要依靠直觉判断	否	53. 57	是否受周围同事影响	否	51. 79
	是	46. 43		是	48. 21
资金实力雄厚的大机构能否主导债券的定价	否	19. 64	是否经常后悔	否	92. 86
	能	80. 36		是	7. 14
是否跟随大机构的定价策略	否	42. 86	是否有恐惧心理	否	80. 36
	是	57. 14		是	19. 64

续表

变量名	分类指标	比例（%）	变量名	分类指标	比例（%）
是否出于投机目的而投资债券市场	否	48.21	是否损失厌恶	否	80.36
	是	50.00		是	19.64

此外，笔者也对投资交易主体进行了定价偏离的情况统计，见表4-4。结果表明，有接近2/3的投资者在发行市场会出现定价偏离；而在交易市场的情况稍好一些，有略过1/2的投资者会出现定价偏离。不过就整体而言，定价偏离的情况比较突出。

表4-4　投资交易主体定价偏离情况统计

变量名	分类指标	比例（%）
是否定价偏离（发行市场）	否	35.71
	是	64.29
是否定价偏离（交易市场）	否	44.64
	是	55.36

第三节　偏离度模型检验

运用SPSS10.0软件来对心理实验的数据进行建模处理。本检验中选用Logit模型中的Wald方法，即首先将所有的变量输入模型，然后根据Wald估计的统计量概率值剔除对因变量影响不显著的自变量，判别概率设为0.1。得出了下面两个模型：

一、交易市场定价偏离Logit模型

对于交易市场定价偏离Logit模型，模型的Hosmer-Lemeshow检验结果见

表 4-5。结果显示，模型的 HL 指标值为 8.472，自由度为 8，显著性水平为 0.389，这说明统计不显著，因此，模型的拟合效果较好。

表 4-5　交易市场定价偏离的 Logit 模型的 Hosmer-Lemeshow 检验结果

序号	$Y_2=0$		$Y_2=1$		总计
	观测值	预测值	观测值	预测值	
1	5	4.780	0	0.220	5
2	4	6.017	3	0.983	7
3	5	4.162	1	1.838	6
4	4	3.868	2	2.132	6
5	5	3.511	1	2.489	6
6	2	1.994	4	4.006	6
7	0	0.683	4	3.317	4
8	1	0.666	5	5.334	6
9	0	0.304	7	6.696	7
10	0	0.016	3	2.984	3
卡方（χ^2）	8.472				
自由度（df）	8				
显著性水平（Sig.）	0.389				

资料来源：北方之星公司的 α 债券行情分析系统、中国外汇交易中心本币债券交易系统。

交易市场定价偏离 Logit 模型的回归参数见表 4-6。因此可以得到的 Logit 模型为：

$$\text{Log}[P_2/(1-P_2)] = 11.388 - 2.877X_2 - 2.296X_3 - 2.693X_9 - 2.827X_{13} + 2.351X_{17} + 1.912X_{29} + 1.586X_{31}$$

模型中，除了 X_{13}（央行货币政策的一致性及其制定的透明度）略微高于 0.1 之外，其余指标的 Wald 检验结果 P（Sig.）值均小于 0.1，显示其具有较好的统计学意义。因此，最终进入模型的影响交易市场定价偏离的因素有 X_2（年龄）、X_3（学历）、X_9（债券市场的系统性风险水平）、X_{13}（货币政策的一致性和制定的透明度）、X_{17}（定价是否主要依靠直觉判断）、X_{29}（是否偏

好不同类型债券不同类型的机构报价不同）以及 X_{31}（是否受周围同事的影响）七个因素。

表 4-6　交易市场定价偏离模型回归参数估计

	系数值（B）	标准误	Wald 卡方值	自由度（df）	显著性水平（Sig.）	发生比率 Exp（B）
X_2	-2.877	1.090	6.964	1	0.008	0.056
X_3	-2.296	1.074	4.570	1	0.033	0.101
X_9	-2.693	1.185	5.168	1	0.023	0.068
X_{13}	-2.827	1.758	2.586	1	0.108	0.059
X_{17}	2.351	0.850	7.646	1	0.006	10.491
X_{29}	1.912	0.848	5.085	1	0.024	6.767
X_{31}	1.586	0.890	3.176	1	0.075	4.883
常数项	11.388	4.202	7.346	1	0.007	88252.908
-2 Log likelihood	48.320					
Cox & Snell R^2	0.404					
Nagelkerke R^2	0.540					

资料来源：北方之星公司的 α 债券行情分析系统、中国外汇交易中心本币债券交易系统。

识别能力大小是衡量 Logit 模型优劣的一个主要指标，而这主要通过分类结果表进行检验，分类的准确率见表 4-7。结果显示，交易市场定价偏离模型的整体分类准确率达到了 82.1%，应当说具有较好的分类效果。这表明，笔者建立的交易市场定价偏离模型具有较高的准确率。

表 4-7　交易市场定价偏离模型分类结果

样本观测值		样本预测值		
		预测组类		准确率（%）
		0	1	
计数	0	23	3	88.5
	1	7	23	76.7
整体准确率（%）		82.1		

注：0 代表定价正常，1 代表定价偏离；阈值为 0.5。

资料来源：北方之星公司的 α 债券行情分析系统、中国外汇交易中心本币债券交易系统。

对模型得出的七个影响因子进行进一步分析尤为必要。从发生比率指标可知，对定价偏离影响最大的因素是 X_{17}，其次是 X_{29} 以及 X_{31}，其余四个指标则相对较小。

因此，模型的基本结论是，导致债券定价偏离的最主要因素是，投资交易主体定价时主要靠自身的直觉判断（而非依靠严格的模型计算）；第二重要的是，圈子效应和同质效应的存在，表现为对熟悉程度不同的机构给予不同的报价，以及不同类型的机构对不同期限的债券的交易需求；第三重要的是，定价行为受到了周围同事的影响，笔者认为，其实也包括市场上研究报告之类的影响。除此之外，投资者的学历，债券市场的系统性风险水平偏高，货币政策的不具一致性及其制定的透明度较低，以及投资者的年龄都对债券定价偏离产生影响。

二、发行市场定价偏离 Logit 模型

对于发行市场定价偏离 Logit 模型，模型的 Hosmer-Lemeshow 检验结果见表 4-8。结果显示，模型的卡方检验值为 0.767，自由度为 3，显著性水平为 0.857，说明统计不显著，因此模型的拟合效果较好。

表 4-8　发行市场定价偏离的 Logit 模型的 Hosmer-Lemeshow 检验结果

序号	$Y_2=0$		$Y_2=1$		总计
	观测值	预测值	观测值	预测值	
1	4	4.439	1	0.561	5
2	3	3.174	1	0.826	4
3	7	6.390	4	4.610	11
4	3	2.561	3	3.439	6
5	3	3.437	27	26.563	30
卡方（χ^2）	0.767				
自由度（df）	3				
显著性水平（Sig.）	0.857				

资料来源：北方之星公司的 α 债券行情分析系统、中国外汇交易中心本币债券交易系统。

发行市场定价偏离 Logit 模型的回归参数见表 4-9。因此最后得到的 Logit 模型为：

$$\text{Log}[P_1/(1-P_1)] = -5.555+3.322X_{10}+3.996X_{14}+2.302X_{27}+1.907X_{33}$$

模型中，所有指标的 Wald 检验结果 P（Sig.）值均小于 0.1，显示具有很好的统计学意义。因此，最终进入模型的影响交易市场定价偏离的因素有 X_{10}（投资理念是否成熟）、X_{14}（债券发行规则和发行时机选择）、X_{27}（给熟悉程度不同机构的报价是否完全一样）以及 X_{33}（是否有恐惧心理）四个因素。

表 4-9 发行市场定价偏离模型回归参数估计

	系数值（B）	标准误	Wald 卡方值	自由度（df）	显著性水平（Sig.）	发生比率 Exp（B）
X_{10}	3.322	1.267	6.877	1	0.009	27.704
X_{14}	3.996	2.179	3.364	1	0.067	54.391
X_{27}	2.302	0.765	9.064	1	0.003	9.996
X_{33}	1.907	0.902	4.467	1	0.035	6.735
常数项	-5.555	1.707	10.596	1	0.001	0.004
-2 Log likelihood	51.272					
Cox & Snell R^2	0.322					
Nagelkerke R^2	0.441					

资料来源：笔者根据中国债券信息网资料整理。

识别能力大小是衡量 Logit 模型优劣的一个主要指标，而这主要通过分类结果表进行检验，分类的准确率见表 4-10。结果显示，发行市场定价偏离模型的整体分类准确率达到了 78.6%，应当说具有较好的分类结果，这也进一步表明，笔者建立的发行市场定价偏离模型具有较高的准确率。

表 4-10 发行市场定价偏离模型分类结果

样本观测值		样本预测值		
		预测组类		准确率（%）
		0	1	
计数	0	14	6	70.0
	1	6	30	83.3
整体准确率（%）		78.6		

注：0 代表定价正常，1 代表定价偏离；阈值为 0.5。

资料来源：笔者根据中国债券信息网资料整理。

笔者对模型进行进一步分析，从发生比率指标可知，对定价偏离影响最大的因素是 X_{14}，其次是 X_{10}、再次是 X_{27}，其余四个指标则相对较小，而影响最小的是 X_{33}。

因此，模型的基本结论是，导致发行市场债券定价偏离的最重要的因素是，发行主体的发行规则应该更加科学，发行的时机选择应该更加合理，如需要考虑市场的承受能力等。以财政部为例，除了完成发行任务之外，还有稳定市场的目标。第二重要的是投资交易主体的投资理念是否成熟，比如在债券招标时，到底是抱着投机的态度，还是抱着价值投资的态度，这很重要，显然投机者的投标价格明显偏离于债券的真实价值。第三重要的是同质效应的存在，表现为不同类型的机构对不同债券的偏好程度不同；同样，圈子效应也存在，这一点在发行市场的表现确实很明显，尤其是当所拍卖债券比较紧俏时，承销商不仅会将所中标债券首先分销给与自己关系紧密的“圈中”机构，而且在价格上也会较其他机构有明显的优惠；最后是投资交易主体的恐惧心理对债券定价偏离产生影响。

第四节　模型检验的启示

投资交易主体的定价偏离会导致市场的过度波动，而管理主体和发行主体（主要指财政部）都不愿意看到这一点，对于投资交易主体自身而言，定价的偏离和市场的过度波动都意味着债券投资风险的提高，因此，有效减弱定价偏离成为三类主体共同努力的目标，尽管要彻底消除这一行为几乎不可能，即便从发达经济体的债券市场来看亦是如此。笔者通过对造成投资交易主体定价偏离的因素建立 Logit 模型，得出了影响交易市场主体定价偏离的主要行为因子，依据这些行为因子，即可采取相应的对策以逐步减弱定价偏离。

一、缓解交易市场定价偏离的对策

交易市场定价偏离模型的启示在于，如果要较好地解决交易市场定价偏离

问题，则必须依照重要程度从上文的七个因素着手，具体包括以下几个方面：

第一，投资交易主体首先要有意识地克服“拍脑袋”随意定价的行为与习惯。当然投资交易主体的这种行为与习惯绝不仅仅是个体的自主行为，而是受到了制度环境的制约与影响。事实上，投资交易主体自己也对这种“拍脑袋”的行为深恶痛绝，但又不得已而为之：一则是因为国内还没有形成有效的定价理论模型或收益率曲线，或者说国外的相应理论并不适宜直接拿到国内应用，因为国内还不具备相应的市场条件，例如，国内甚至连给浮动利率债券定价的基准利率都不存在；二则是因为投资交易主体的学识、学历水平仍然有限，国内的很多投资交易人员可能并不十分了解债券定价理论和模型，虽然平时交易也经常运用如北方之星、红顶等专业债券软件①，但自主建模来拟合收益率曲线或者对其进行修正的还是不太多见。当然，前者是主要的原因。

第二，要逐渐消除同质效应的影响。同质效应主要是指不同类型机构对不同债券的偏好以及交易风格的差异。同质效应源自机构自身的性质、偏好及所处的制度环境不同。因此，要消除同质效应是困难的，因为这必须从制度层面着手，不断扩大投资交易主体的范围，消除不同类型机构之间的明显差异。对于投资交易主体而言，最佳的途径应该是在承认同质效应的前提下，修正其对定价偏离的影响。关于这一点，笔者在第七章会有详细阐述。

第三，要避免定价行为受周围同事以及研究报告的影响。事实上这种现象很难完全避免，因为对以下两种情况很难区分：到底是参考综合了周围同事及研究报告的意见后独立决策得出的结论？还是纯粹是因为前者对后者产生了重大影响而改变了后者的决策？笔者并不否认，周围同事以及研究报告的意见对投资交易主体的定价行为理应产生重要影响，笔者所强调的是，要有独立决策的行为或习惯，不能随意变动自己对市场未来变化的预期，尤其是长期趋势的预期，更不能人云亦云。

第四，货币政策应该更加具有一致性，而且应该提高制定的透明度。中央银行采用相机抉择的货币政策本无可厚非，但是其货币政策应当给市场或者投

① 这些软件是市场上极为流行的优秀的行情软件，包含较好的定价功能，但是由于国内金融市场条件的制约，其运用的现代金融计算方法得出结论的作用仍然是有限的。

资交易主体一个相对稳定的预期，而并非变幻莫测，让投资交易主体来揣摩、猜测，甚至打听。因此，笔者认为，中央银行的货币政策应该更加具有前瞻性和远见性，要注重小幅多次调整的态势，而非采用大起大落的方式。比较成功的例子就是美联储自 2004 年 6 月以来的连续小幅加息行为。

第五，降低债券市场的系统性风险水平。这个难题的彻底解决任重而道远，自然也并非市场的某一个主体或机构努力即可。这是一个系统工程，需要包括管理主体、发行主体以及投资交易主体的共同努力才能较为妥善地解决。由于是系统性风险，笔者这里尤其要强调的是前两者在这方面的主要作用，即中国人民银行和财政部在这方面的主要作用。

第六，投资者的学历和年龄也应该适当优化。这方面的结论倒是略微出乎笔者的意料，但的确也是未来需要改进的方面，例如，应该朝投资交易人员的学识（学历）更高、年龄更成熟的方面转化，因为只有这样的知识和年龄结构才能适应未来银行间债券市场的发展，尤其是在未来不断推出各种金融衍生品种的情况下。

二、缓解发行市场定价偏离的对策

同样，如果要较好地解决发行市场定价偏离问题，则必须依照重要程度从前文的四个因素着手，具体包括以下几个方面：

第一，发行主体的发行规则应该更加科学，发行的时机选择应该更加合理，比如需要考虑市场的承受能力等。正如第二章所指出的，除了完成发行任务之外，还有稳定市场的目标。适当控制国债的发行规模、丰富国债的期限结构、继续提高国债发行的计划性和透明性，制定并颁布关于国债发行方式的行政法规制度等都是有效的措施。

第二，投资交易主体的投资理念应该更加成熟。具体来说，在债券招标时，到底是抱着投机的态度，还是价值投资的态度，这很重要。当然，投资理念的成熟也需要一个过程，有些宣称“价值投资”理念的机构并不一定表里如一。

第三，在发行市场，圈子效应十分明显。圈子效应主要是指银行间的交易员也往往偏好于跟自己相对熟悉的机构和交易员打交道或交易，在笔者的调查问卷中表现为对熟悉程度不同的机构给予不同的报价。从实践来看，圈子效应的确非常明显。但是由于“圈子”的形成绝非一日之功，如果从中国悠久传统文化的角度来理解，则更是如此。因此，与交易市场的同质效应一样，要缓解和解决这一问题比较难。

第四，投资交易主体要有意识地克服损失厌恶、恐惧心理。这是一种非常普遍且非常容易理解的心理，这类心理是人天生的，投资交易主体要克服这类心理也是具有相当难度的。这也只能随着投资交易主体有意识地克服以及经验增加才能有效缓解这类心理问题。

第五节　深入研究安排

金融生态对主体的定价行为产生了重要影响，但是无论何种生态要素对主体产生的影响最终体现在主体行为上。在诸多主体行为因子中，找出主要行为因子成为修正定价模型的关键。通过采用 Logit 模型估计的方法，分别从债券交易市场和发行市场角度对直觉判断、圈子效应、同质效应、发行规则等主体行为因子变量进行定价偏离度实证检验，发现了交易市场的主要行为因子——投资交易主体主要依靠自身的直觉判断（而非依靠严格的模型计算），次要行为因子——圈子效应，第三行为因子——周围同事的影响；以及发现了发行市场的主要行为因子——发行主体的发行规则，次要行为因子——主体的投资理念成熟度，第三行为因子——同质效应。同时，在两个市场的模型估计中，货币政策是影响债券定价的最直接的行为因子。

本章发现的主体在定价中的主要行为因子，不仅非常重要，而且在理论上和实践中也还存在很多不甚明了的地方，笔者在随后的第五章、第六章、第七章中分别对中央银行公开市场操作、发行主体和交易主体的圈子效应及同质效应进行深入研究，力图通过深入剖析，查找出问题的内在原因，以提出解决或缓解之策。

第五章　中央银行影响市场定价行为的实证检验

第四章的实证研究结果表明，中央银行货币政策是否具有一致性和透明度是影响主体定价行为从而导致其定价偏离的重要因素。笔者认为，进行小幅多次的微调有利于避免市场的大起大落，也有利于市场形成稳定的预期。而实现这一目的的手段即为公开市场操作。故中央银行公开市场操作将对投资交易主体的定价行为产生极为重要的影响。因此，本章着重从公开市场操作的发展趋向、对市场行为有效性的影响因素，以及我国应该如何提升公开市场操作有效性三个方面进行理论与实证分析。需要指出的是，本章表面上是研究中央银行的公开市场操作对市场行为的有效性，但真实目的则在于研究中央银行如何通过公开市场操作这一行为来缓解投资交易主体定价偏离的行为①。

第一节　我国公开市场操作的目标及发展趋势

在多数发达经济体，公开市场操作是中央银行吞吐基础货币、调节市场流

① 事实上，中央银行公开市场操作对市场行为的有效性与中央银行公开市场操作对缓解定价偏离的影响是同一含义。这是因为，如果中央银行公开市场操作对市场行为的有效性越大，投资交易主体就越会跟着中央银行的货币政策意图走，那么，投资交易主体出现定价偏离的可能性就越小；反之则反是。

动性的主要货币政策工具，通过中央银行与指定交易商进行债券买卖或回购交易，实现货币政策调控目标。在我国，公开市场操作真正开始成为主要的货币政策调控工具，是在1998年1月1日取消贷款规模管理控制以后，这标志着我国货币政策调控成功实现了由直接调控向间接调控的基本转变。

我国公开市场操作包括人民币操作和外汇操作两部分。外汇公开市场操作于1994年3月启动，人民币公开市场操作于1998年5月26日恢复交易，依托稳步快速发展的银行间债券市场，中央银行的公开市场操作取得了快速的发展。一方面，随着货币政策间接调控机制的加强和利率市场化的逐步推进，公开市场操作作为最日常化和最具灵活性的货币政策间接调控工具，也从多个方面努力提高市场操作能力和货币政策传导效率；另一方面，随着我国货币政策的逆周期操作思路的逐渐明确，公开市场操作面临着短中期目标的协调、短期多目标的并重，以及内外部均衡目标的兼顾，因此，多重目标下公开市场操作对市场行为有效性的影响值得关注。

公开市场操作的基本目的在于引导市场利率、管理市场流动性、控制货币供给量，进而为中央银行货币政策导向传递信号。各国中央银行公开市场操作的直接目标和实现途径，取决于该国货币政策的中间目标和传导机制。我国货币政策的中间目标仍然是以货币供应量为主的数量型调控指标，货币政策的传导渠道也是以信贷渠道为主的数量型传导模式。因此，这决定了我国公开市场操作是以基础货币和商业银行超额备付率等数量型调控目标为主。

从公开市场操作实践来看，其主要从两个方面来将基础货币和商业银行超额备付率保持在稳定的目标上：一是对冲市场多余头寸，主要指对冲由外汇储备和再贷款形成的刚性基础货币投放。例如2004年第一季度，外汇公开市场操作投放基础货币2916亿元，债券公开市场对冲操作回笼基础货币2810亿元，基本全额对冲了外汇占款。二是满足金融机构的短期流动性需求。在春节、大盘股发行或其他特殊时期，当金融机构面临较大的短期流动性缺口时，中央银行通过公开市场操作主动向市场注入流动性，使商业银行超额备付率保持在正常水平上。

在以数量调控为主要目标的同时，我国公开市场操作也兼顾对货币市场利率的调控。事实上，公开市场操作在调控商业银行超额储备的同时，必然直接影响货币市场的资金供给与需求，从而使货币市场利率产生相应的变化。同时，公开市场操作对数量目标的调控，在很大程度也要仰仗于利率调节手段来实现。因此可以说，在公开市场操作中，货币市场利率既是公开市场操作中的数量目标实施效果的反映，也是实现公开市场操作实现数量目标的必要手段。

图 5-1 是 2004 年 5—8 月的银行间债券市场 7 天回购利率，从当时宏观调控形势的阶段性变化来看，中央银行公开市场操作也采取了阶段性的放松银根与适度收缩相结合的方式，来调节金融机构流动性水平。货币市场利率走势反映出了公开市场操作的效果，7 天回购利率基本回归到了 5 月初的水平，并且在这一过程中，7 天市场利率主要呈现渐进式变化，较少有大的波动，基本达到了保持市场利率平稳运行的调控预期。

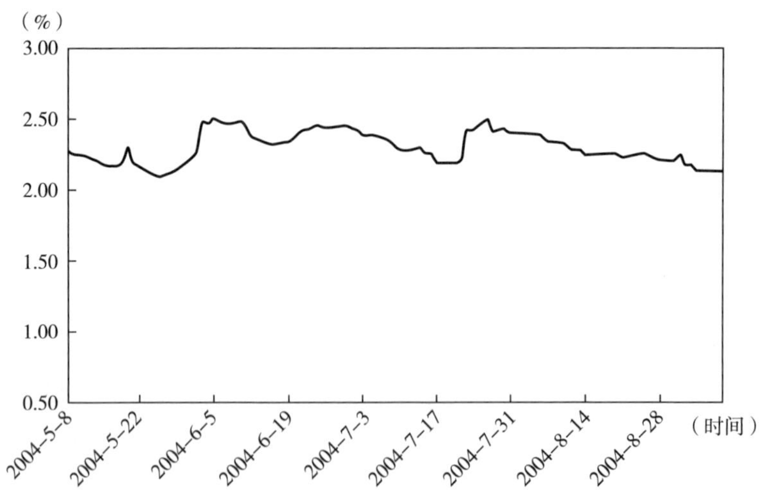

图 5-1 2004 年 5—8 月银行间债券市场 7 天回购利率走势

资料来源：笔者根据中国债券信息网、北方之星公司的 α 债券行情分析系统。

从长期来看，随着我国金融市场的不断壮大、利率市场化改革的稳步推进，以及货币政策传导机制的逐步完善，公开市场操作的目标由以数量调控为主逐步过渡到以利率调控为主将是必然趋势。在一个完善发达的金融市场中，货币市场利率作为充分反映资金供求和市场预期的市场化指标，其变化态势既能够对市场利率体系起着基础性影响，也能更有效率地传递给整个经济体系。根据主要发达经济体的公开市场操作实践，选择波动较小并对整个市场利率体系影响较大的某一期限短期货币市场利率作为操作目标是比较有效果的，这也将是我国公开市场操作加强市场利率调控的发展趋向。

第二节　影响货币政策对市场行为有效性的因素

可以注意到，在不同成熟程度的金融市场、不同结构的中央银行和不同程序的货币政策决策和操作下，各国货币政策对市场行为的影响程度和有效性是有较大差别的。影响货币政策对市场行为有效性的因素主要有货币政策的可预期性、常规性、预调性，以及利率市场化程度。

一、货币政策的可预期性

货币政策传导的机理是通过价格（利率/汇率）或数量的变化传递宏观调控信号，市场主体据此决定自身的市场行为，进而改变经济运行方式和方向，实现货币政策调控目标。货币政策发挥效用的关键在于市场主体对利率政策导向的准确领会和同向传导。在市场经济条件下，货币政策工具的信号意义比实际效果更为重要，可预期的货币政策可以让市场主体与中央银行之间确立相应的博弈模式与行为边界，使市场主体可以依据相关参数的变化预测利率水平和利率政策的变动，并据此进行主动的调整和适应，达到“未举而先张”的效果，从而提高货币政策的预见性，降低市场博弈成本，提高政策的有效性。

以美国为例，美联储年初公布其公开市场委员会每年 8 次例会的日期，每次会议后公开市场委员将公布下一次例会的利率倾向，向市场揭示当前经济的运行状况，预示美联储货币政策的倾向；美联储主席和公开市场委员会的其他委员也会通过定期或不定期的发言，向市场传达美联储的货币政策意图，从而使市场预期与美联储政策导向之间高度一致，在每一次货币政策出台之前，市场已经较充分地理解了美联储的决策意图，并相应做好了应对措施，使货币政策被提前传导和消化。以2004年开始的美联储一轮升息为例，在升息之前，市场几乎一致预测美联储将升息，区别只在于对升息幅度大小的判断。故而，尽管这次美联储在4年来第一次启动了升息程序，但由于已充分消化了升息预期，美国金融市场走势平稳。

二、货币政策的常规性

总结西方国家的货币政策实践可以发现，货币政策工具有两个重要特点，即高频率和小幅度。从高频率来看，根据宏观管理需要，货币管理当局可以在短期内连续使用利率工具。例如，2001年1月至2003年6月，为了刺激经济复苏，美联储连续13次降低联邦基金利率，特别是在2001年，为了消除“9·11”事件的负面影响、防止经济跌入低谷，美联储在一年之内连续11次降低了联邦基金利率。从小幅度来看，货币管理当局除了经济形势急剧恶化或经济政策“大转换”时有较大幅度货币政策的调整外，平时的调整均是小幅度的，一般为0.25个或0.5个百分点。例如，美联储在2001年的11次降息，其变动幅度均在0.5个百分点之内。

高频率和小幅度的货币政策特点，可以保持货币政策工具与市场的高敏感度，使之成为市场主体关注货币政策的注意点，借以建立敏感、快捷和有效的传导机制，加强市场预期与政策之间同向性和及时性；同时也可以减缓政策工具对经济的冲击，减弱经济震荡，降低政策试错成本，以较小的成本获取较大的调控效益。

三、货币政策的预调性

美联储前主席格林斯潘曾指出：“中央银行需要考虑的，不仅是未来经济发展最有可能的道路，还有围绕这条发展道路可能出现的各种情况。据此，决策者需要做出判断，对各种可供选择的政策所可能导致的不同结果的可能性、代价以及收益做出抉择。”也就是说，货币政策的选择和制定必须有前瞻性和预调控性，而预调性的货币政策才能最大限度地调节市场预期节奏，并使市场预期与中央银行政策保持一致。

分析美联储的利率决策可以发现，其决策均是在预测未来经济发展趋势的基础上，做到及早出招，未雨绸缪。例如，美联储 2004 年开始的升息，并非当时美国经济已经出现过热，而是基于将来可能出现经济过热的判断。政策的出台需要立足于现实的经济金融形势，但这并不是决策的充分条件，不断变化的经济金融形势才是政策决策必须充分考虑的。因此，中央银行在制定利率政策时，必须充分尊重经济运行规律，综合考虑经济和非经济、长期趋势和短期变化等因素，根据经济状况变化不断修正政策的方向和力度，这样的利率政策才可能做到“适时适情，适用适效”；并且，不断预调的过程，也是中央银行有效调整市场预期和市场行为的过程。

四、利率市场化程度

利率市场化是逐步向市场主体让渡利率决定权的过程，包括利率决定、利率传导、利率结构和利率管理等的市场化。联邦基金利率是美国的基准利率：一方面，联邦基金利率是市场利率定价的基准，市场上各种资金根据内在性质的差异和市场竞争的作用，与联邦基金利率之间建立一定的比价关系；另一方面，联邦基金利率制约市场利率的变动，联邦基金利率与市场利率之间有着敏感的关联关系，其变动直接影响着市场利率的变化方向、幅度、趋势等。因此，美联储只要盯住联邦基金利率，借助市场机制和市场力量，市场利率会自动地进行价格修正和调整，起到“四两拨千斤”的效果。

从我国来看，金融机构存贷款利率是基准利率，但这一利率并没有有效发挥价格基准的作用，市场主体更多的是以债券收益率曲线作为定价的基础。并且，我国资本市场存在三元化的利率结构，即以银行间货币市场和债券市场利率为代表的市场化利率、以存贷款利率为代表的半管制利率和以民间借贷为代表的利率。三种利率结构的存在，使利率价格的适用范围存在屏障，例如，中央银行日常性公开市场操作直接影响的市场化利率，对实体经济并没有直接的影响效果，而对实体经济有直接影响效力的存贷款利率水平，与中央银行日常性的货币政策的关系并不紧密。因此，中央银行货币政策对市场的影响效力受到较大制约。

第三节　我国公开市场操作为提高有效性所做的努力

宏观经济形势使货币政策面临较大的外部压力，短中期目标间的协调，以及短期多目标的兼顾实现，增加了货币政策决策与执行的难度。作为主要货币政策工具，公开市场操作既要平缓外部压力对货币投放、货币市场利率、商业银行信贷投放行为的影响，又要有效地根据宏观形势和货币政策需要对市场进行微调和预调。笔者注意到，中央银行公开市场操作室采取了多项举措，以从多个角度改善和提高公开市场的操作效果。

一、提高公开市场操作频率

自 2004 年 5 月以来，公开市场的操作频次开始增加，从 2003 年的每周一次中央银行票据操作，逐步增加到每周二和周四各一次中央银行票据和正回购操作，交易频率相当于原来的 4 倍，从而能更及时、灵活地调控基础货币和市场利率。

二、加强对主要成员的流动性预测和监控

及时准确地掌握公开市场主要交易成员的流动性水平和资金需求状况，是公开市场业务进行精细化操作的必要前提。2004 年 7 月，公开市场操作室发布的 7 号公告，充分显示了中央银行公开市场业务向科学性、准确性和精细化迈进的决心。根据这一公告，我国已建立了重点联系机构的电话报告制度，各主要机构在公开市场操作的前一天（周一、周三）需要将本机构的流动性情况，以及对次日公开市场操作的需求数量和价格投标区间，通过电话的方式

告之公开市场操作室；还强化了原有的流动性日报工作，并增加了每月末包含流动性情况的月报制度；2004 年第四季度正式推出的、支持现代化支付系统的中央银行自动质押融资系统，可以大大降低商业银行的准备金水平，这有助于提高货币政策传导效率，增强公开市场操作对货币市场利率调控的效果。

三、加强公开市场操作的精细化与结构化

每周中央银行公开市场操作的交易品种分为 7 天和 28 天正回购、3 个月和 12 个月中央银行票据。其中 7 天和 28 天正回购主要用于调节短期金融机构的流动性，而 3 个月和 12 个月中央银行票据则用于调控中长期的市场资金供给。这 4 个交易品种的规则化运行，使公开市场操作更趋精细化。同时，中央银行还通过公开市场操作调控不同期限品种之间供给与需求的关系，从而引导货币市场各期限利率的结构化形成。

图 5-2 是 2004 年 7 月到 8 月底期间，各期限品种在公开市场的中标利率走势。可以看到，公开市场操作通过调节 3 个月及以下受市场欢迎交易品种的发行量，使其供给小于需求，从而引导 3 个月以下货币市场利率显著下行，其中，3 个月中央银行票据利率由 7 月初的 2. 84%回落到 8 月底的 2. 62%，28 天正回购利率更由 7 月初的 2. 72%回落到 8 月底的 2. 05%，下降了近 70 个百分点；同时，公开市场操作又将市场比较回避的 1 年期中央银行票据品种的发行量保持在一个较高的水平上，引导其利率水平始终保持在 3. 4%以上的高位。这样形成了货币市场各期限利率的结构化，贯彻了中央银行运用公开市场的利率价格调控，渐进式影响商业银行信贷投放行为的意图，即：一方面，通过降低 3 个月以下品种的市场利率，促进商业银行增加短期信贷资金投放；另一方面，又通过将 1 年期品种利率维持高位，间接影响商业银行中长期资金的边际成本，促进商业银行提高对中长期贷款利率的风险溢价，抑制中长期贷款需求，从而间接调控信贷投放中突出的结构性矛盾。

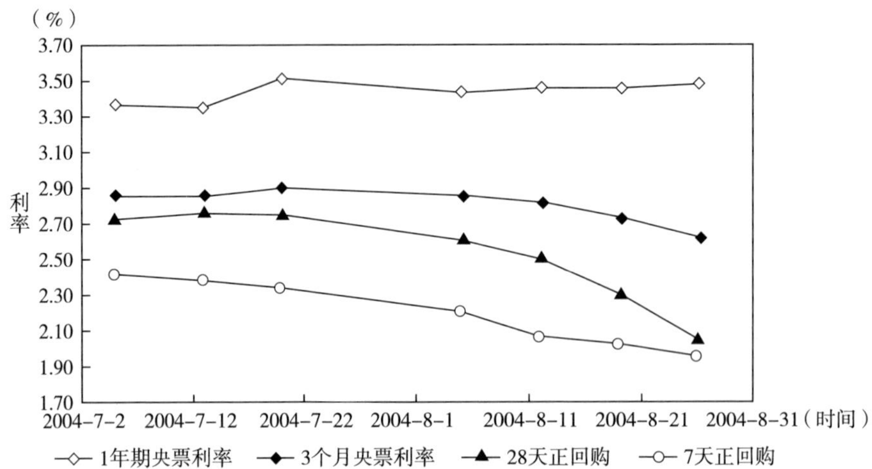

图 5-2　2004 年 7—8 月公开市场各期限品种的利率走势

资料来源：笔者根据中国债券信息网、北方之星公司的 α 债券行情分析系统。

四、吸收非银行金融机构成为公开市场一级交易商

2004 年以前，公开市场一级交易商成员全部为商业银行，这与我国金融市场的资源配置结构是有关系的，但随着金融市场的不断发展，非银行金融机构在金融资源配置中的作用也正逐渐提高。因此，2004 年 2 月，中央银行增加了 2 家证券公司、4 家保险公司以及 2 家农村信用合作联社作为公开市场的一级交易商，它们可以参与公开市场的中央银行票据操作。非银行金融机构参与到公开市场中来，有助于增强公开市场操作的效果，使公开市场操作对货币政策信号的传导更加及时、高效。

五、提高政策透明度，引导市场预期能力加强

根据预期理论，一项政策的实施效果受到市场预期的影响，因此政策制定者通常对微观主体的预期和政策调控的反应非常重视。对比西方国家的货币政策实践经验，我国货币政策的透明度正在逐步增强，预期的信号也更加明显。笔者以 2005 年公开市场操作和市场预期间的关系为实证进行分析。

2005 年，汇率体制改革的启动成为阶段性主导中央银行货币政策趋向的最主要因素。中央银行为了保障汇率改革的顺利进行，减轻人民币升值的外部预期，对国内利率采取了大幅度引导下行的做法，推动 2005 年债券市场成为大牛市行情。中央银行的货币政策在 2005 年有效地引导了市场预期，并成为主导 2005 年债券市场行情的最主要因素。

2005 年，中央银行公开市场操作及其债券市场相应的行为表现主要可分为以下四个阶段（见图 5-3）。

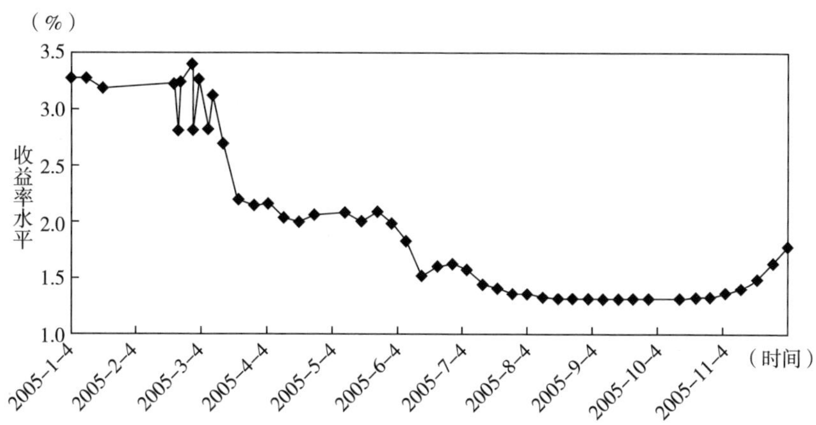

图 5-3　2005 年公开市场一年期中央银行票据发行利率走势

资料来源：笔者根据中国债券信息网、北方之星公司的 α 债券行情分析系统。

第一阶段（2005 年 1—2 月）：“春节效应”成为这一阶段的主要因素。货币政策短期调控意图暂时让位给春节期间的流动性管理需求，中央银行通过减少中央银行票据发行量和逆回购主动注入资金等方式，缓解市场流动性危机。短期利率保持平稳，债券市场运行也呈现稳定态势。

第二阶段（2005 年 3—5 月）：这一期间，中央银行开始为汇率体制改革进行前期准备工作，包括在 3 月中旬将超额备付金利率从 1.62% 下调到 0.99%，以释放市场流动性。市场在这一阶段尚未意识到中央银行这一举措背后的深刻含义，只是简单理解成利率市场改革的一个步骤，因此市场表现为相对平稳的阶段。虽然 1 年期中央银行票据等短期端利率从 2.8% 回落到 2.0%，但债券市场仅表现为小幅度上行。

第三阶段（2005 年 6 月至 10 月中旬）：这一阶段是公开市场操作与市场预期高度一致的阶段，债券市场反应充分。市场认识到了汇率体制因素是 2005 年货币政策的主要内容，国内需要营造一个偏低的利率水平，因此市场预期中央银行仍将采取偏宽的货币政策趋向，短期利率将继续下行。在这一市场预期下，公开市场操作仅需通过适当调控中央银行票据发行规模，便可以顺利引导短期利率从 2%继续下行至 1.3%。同时，在货币政策继续偏宽的市场预期下，债券市场也呈现大幅度上涨。

第四阶段（2005 年 10 月下旬至 12 月）：由于汇率体制改革的初步阶段顺利完成，同时美联储的持续升息也为中国人民银行提升国内利率创造了良好的外部环境。因此从 2005 年 10 月下旬开始，公开市场操作明显加大基础货币的回笼力度，1 年期中央银行票据利率从 1.3%回升到 1.9%左右的水平，向市场传递了中央银行货币政策将要收缩的政策意图。同时，市场预期发生明显改变，债券市场表现出反应过度的行为特征。2005 年 12 月，债券市场价格大幅度下挫，创下了 2005 年的最大跌幅。

第四节　公开市场操作影响市场行为的实证分析

一、指标与样本数据说明

笔者选取了中央银行公开市场操作品种序列较长、数据持续性较好的公开市场 3 个月中央银行票据发行利率和 1 年期中央银行票据发行利率两项指标作为公开市场操作指标；选取了代表性较强的银行间 7 天回购利率和 7 年期国债交易市场利率两项指标，分别代表银行间债券市场的短期利率和中期利率水平。

以上各项指标的样本数据均选样 2003 年 1 月 6 日至 2006 年 3 月 30 日期间

工作日的数据。其中，3 个月中央银行票据样本数据，为这一期间全部（共 127 期）公开市场发行 3 个月中央银行票据的发行利率；1 年期中央银行票据样本数据，为这一期间全部（共 112 期）公开市场发行 1 年期中央银行票据的发行利率；银行间市场 7 天回购利率和 7 年期国债利率样本数据，则根据公开市场操作数据按照对应时间取值。

二、平稳性检验

对以上四组序列数据分别进行单位根检验，发现全部数据均为非平稳序列；但其一阶差分序列数据在 95%的置信水平下均通过单位根检验，即其一阶差分序列数据具有平稳性。

三、公开市场操作对短期利率的影响分析

从公开市场操作的中间目标来看，我国公开市场操作对银行间债券市场的短期利率应有直接的影响效果。笔者运用最小二乘回归估计，分别以公开市场 3 个月中央银行票据发行利率和 1 年期中央银行票据发行利率作为自变量，对同期的银行间 7 天回购利率进行解释，结果发现公开市场操作的两项指标均对同期的 R007 利率有很好的解释效果；并且，与其他的实证分析结论略有不同。笔者发现 1 年期中央银行票据对银行间债券市场短期利率的解释作用更强。

其中，3 个月中央银行票据（03M）对 R007 的最小二乘回归结果见表 5-1 至表 5-3。分析结果表明，3 个月中央银行票据发行利率与 R007 的线性模型为：

R007 利率 = 0.762×同期 3 个月中央银行票据发行利率+0.322　　(5-1)

该模型中，3 个月中央银行票据发行利率对同期 R007 利率的解释能力为 79.1%，经过调整后的解释能力为 78.9%。该模型通过 F 检验和 t 检验。

表 5-1　3 个月中央银行票据与 R007 的最小二乘回归结果

模型	R	R^2	R^2 调整后	标准误差
5-1	0.889	0.791	0.789	0.2396

资料来源：笔者根据中国债券信息网、北方之星公司的 α 债券行情分析系统、中国外汇交易中心本币债券交易系统。

表 5-2 方差分析

模型		平方和	自由度	均值平方	F 统计量	显著水平
5-1	回归	26.049	1	26.049	453.921	0.000
	残差	6.886	120	5.739E-02		
	合计	32.935	121			

资料来源：笔者根据中国债券信息网、北方之星公司的 α 债券行情分析系统、中国外汇交易中心本币债券交易系统。

表 5-3 回归参数估计

模型		未标准化系数	标准误差	标准化系数	统计量	显著水平
5-1	（常数项）	0.322	0.077		4.198	0.000
	O3M	0.762	0.036	0.889	21.305	0.000

资料来源：笔者根据中国债券信息网、北方之星公司的 α 债券行情分析系统、中国外汇交易中心本币债券交易系统。

1 年期中央银行票据（O1Y）对 R007 的最小二乘回归结果见表 5-4 至表 5-6。分析结果表明，1 年期中央银行票据发行利率与 R007 的线性模型为：

R007 利率=0.503×同期 1 年期中央银行票据发行利率+0.477　　　　（5-2）

该模型中，1 年期中央银行票据发行利率对同期 R007 利率的解释能力为 80.9%，经过调整后的解释能力为 80.7%。该模型也通过了 F 检验和 t 检验。

表 5-4 1 年期中央银行票据与 R007 的最小二乘回归结果

模型	R	R^2	R^2 调整后	标准误差
5-2	0.899	0.809	0.807	0.1915

资料来源：笔者根据中国债券信息网、北方之星公司的 α 债券行情分析系统、中国外汇交易中心本币债券交易系统。

表 5-5 方差分析

模型		平方和	自由度	均值平方	F 统计量	显著水平
5-2	回归	16.120	1	16.120	439.687	0.000
	残差	3.813	104	3.666E-02		
	合计	19.933	105			

资料来源：笔者根据中国债券信息网、北方之星公司的 α 债券行情分析系统、中国外汇交易中心本币债券交易系统。

表 5-6 回归参数估计

模型		未标准化系数	标准误差	标准化系数	统计量	显著水平
5-2	(常数项)	0.477	0.061		7.775	0.000
	O1Y	0.503	0.024	0.899	20.969	0.000

资料来源：笔者根据中国债券信息网、北方之星公司的 α 债券行情分析系统、中国外汇交易中心本币债券交易系统。

四、公开市场操作对中期利率的影响分析

（一）协整检验

笔者采用 Johenson 协整检验方法，研究公开市场指标序列与 7 年期国债利率间的长期均衡关系。笔者认为，即使两个或两个以上序列为非平稳序列，但如果它们之间的某个线性组合呈稳定关系，则这两个或两个以上序列具有长期稳定性。

3 个月中央银行票据的发行利率和 1 年期中央银行票据的发行利率与 7 年期国债的协整检验结果见表 5-7。该结果表明，3 个月中央银行票据的发行利率和 1 年期中央银行票据的发行利率均与 7 年期国债具有长期均衡关系。其中，3 个月中央银行票据的发行利率每变动 1 个百分点，7 年期国债变动 1.97 个百分点；1 年期中央银行票据的发行利率每变动 1 个百分点，7 年期国债变动 1.65 个百分点。

表 5-7 协整检验分析结果

		O3M 与 7Y 协整检验结果		O1Y 与 7Y 协整检验结果	
	7Y	O3M	常数	O1Y	常数
系数	1.000	-1.97415	-1.653	-1.6523	-0.235
标准差		(0.261)		(0.135)	

资料来源：笔者根据中国债券信息网、北方之星公司的 α 债券行情分析系统、中国外汇交易中心本币债券交易系统。

（二）最小二乘回归估计

将 3 个月中央银行票据的发行利率、1 年期中央银行票据的发行利率分别与同期的 7 年期国债利率、滞后五期的 7 年期国债利率［7Y（-5）］，以及滞

后十期的 7 年期国债利率［7Y（-10）］进行最小二乘回归估计，见表 5-8、表 5-9。结果表明，中央银行票据的发行利率对同期的 7 年期国债利率的解释作用不强；对滞后五期的 7 年期国债利率［7Y（-5）］有一定的解释作用，但其中 3 个月中央银行票据的发行利率对［7Y（-5）］的解释模型未通过 t 检验；中央银行票据的发行利率对滞后十期的 7 年期国债利率［7Y（-10）］有明显解释作用，两个模型均通过了 t 检验和 F 检验，其中 1 年期中央银行票据的发行利率对［7Y（-10）］的解释能力更优，达到 70.6%。

表 5-8　3 个月中央银行票据的发行利率与中期利率的最小二乘回归分析

	为标准化系数	标准误差	T 统计量（显著水平）	F 统计量（显著水平）	R^2 调整值
O3M-7Y	1.437	8.73	0.024（10.23）	1.099（20.7）	0.24
O3M-7Y（-5）	0.332	2.014	0.97（4.21）	30.45（0.12）	0.4131
O3M-7Y（-10）	0.516	0.36	21.34（0.00）	68.92（0.00）	0.622

资料来源：笔者根据中国债券信息网、北方之星公司的 α 债券行情分析系统、中国外汇交易中心本币债券交易系统。

表 5-9　1 年期中央银行票据的发行利率与中期利率的最小二乘回归分析

	为标准化系数	标准误差	T 统计量（显著水平）	F 统计量（显著水平）	R^2 调整值
O1Y-7Y	2.437	5.23	0.09（21.35）	2.47（30.7）	0.25
O1Y-7Y（-5）	0.451	0.14	2.065（0.00）	80.17（0.00）	0.647
O1Y-7Y（-10）	0.634	0.02	4.67（0.00）	126.37.（0.00）	0.706

资料来源：笔者根据中国债券信息网、北方之星公司的 α 债券行情分析系统、中国外汇交易中心本币债券交易系统。

以上实证分析结果表明：公开市场操作对同期的市场短期利率有较好的解释作用，表明我国公开市场操作对短期利率目标和市场流动性的调控能力和调控效果较强；公开市场操作对滞后 5~10 期的中期利率有一定的解释作用，特别是公开市场 1 年期中央银行票据的发行利率对滞后 10 期的 7 年期国债收益率解释作用较好，显示公开市场操作的效果经过 5~10 周的传导后，能够对中长期利率产生影响；此外，协整检验还表明公开市场操作与中期利率水平之间有长期的均衡关系。

第五节　制约我国公开市场操作对市场行为有效性影响的因素

一、短期内多目标之间的协调问题

根据《中华人民共和国中国人民银行法》，我国货币政策的目标是“保持货币币值稳定，并以此促进经济增长”。但在货币政策实践中，由于我国中央银行决策独立性的不足，以及货币政策与财政政策、产业政策等其他政策间的协调性相对缺乏，使货币政策往往要独立地承担多项任务，在同一阶段要并重地兼顾多个目标，从而影响到货币政策的连贯性和方向性，并使货币政策决策呈现出相机抉择的态势，容易令市场混淆真实政策意图。相应地，作为货币政策主要工具的公开市场操作，同样也面临相似的问题。

以 2004 年为例，当时正处于宏观调控比较关键的阶段，经济形势发展的内在矛盾比较突出。从中长期来看，我国经济正处于上升阶段，社会总需求扩张和通胀压力正在显现，消费物价指数 CPI 持续走高，从图 5-4 可以看到，2004 年 6 月、7 月 CPI 已经进入到 5%以上的敏感区间运行；同时，受前期调控影响，固定资产投资下降较快，商业银行信贷投放增速显著下降，因此短期内经济调整的压力较大。

在这种情况下，中央银行公开市场操作面临十分困难的选择：一方面，持续高涨的物价水平，客观上需要公开市场操作适当抽紧银根，抑制通胀压力；另一方面，信贷增速持续下降的情况，迫使公开市场操作要投放基础货币，让商业银行保留高一些的流动性，但商业银行持续保持较高的超额储备，又不利于中央银行货币政策的执行效率。因此，中央银行公开市场操作在这种局面下呈现出左右摇摆的状态。

从图 5-5 可以看到，从密集型调控政策开始出台的 4 月初到进入调控观察

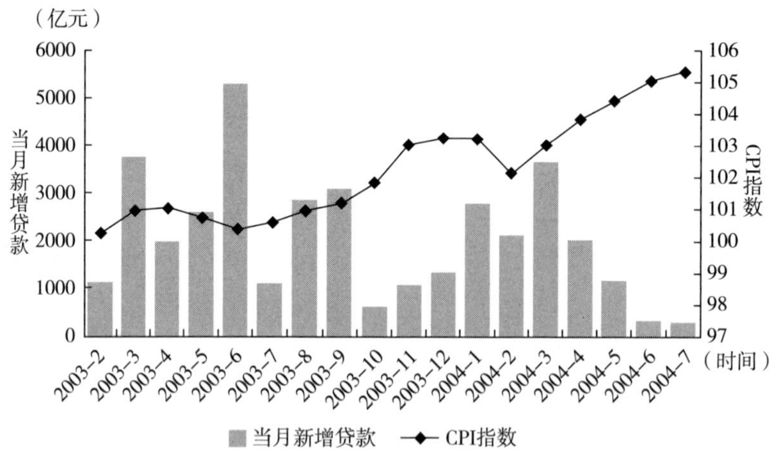

图 5-4　CPI 指数和当月新增贷款变化情况

资料来源：中国人民银行网站。

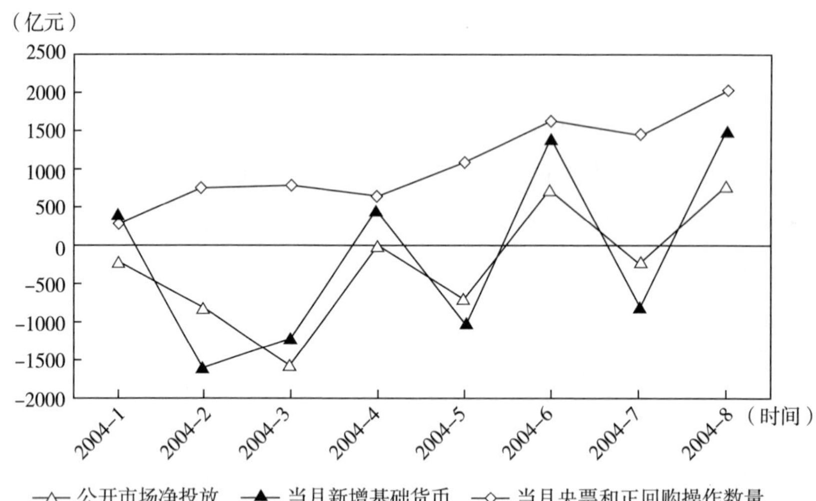

图 5-5　2004 年 1—8 月公开市场操作和基础货币增量情况

资料来源：中国人民银行网站。

期的 8 月这一时期，中央银行公开市场操作一直呈现“净回笼—净投放—净回笼”的往复状态，并且由于操作方向的不连贯性，使后期累计操作的压力越

来越大，例如 8 月时，公开市场中央银行票据和正回购数量为 2030 亿元，为 2004 年以来的最高。短期内左右摇摆的操作方式，使公开市场操作的效果存在抵消效应，并且公开市场操作对货币政策意图的传导效率也大打折扣。

二、刚性对冲外汇占款的压力大

在强制结售汇体制下，中央银行需要在银行间外汇市场大量购入多余外汇，这样做的直接后果是使外汇占款成为基础货币投放的重要来源，使中央银行净外汇资产的变动成为影响商业银行超额备付水平的主要内生性因素。

从图 5-6 可以看到，自 2003 年以来，虽然各月新增外汇占款数量存在波动性，但总体趋势是不断上升的，特别是 2003 年底，随着人民币升值预期的加强，投机性外资大量涌入，当时单月新增外汇资产最高达到了 1369 亿元，截至 2004 年 7 月底，2004 年外汇占款累计新增 6221 亿元。在这种情况下，为保持基础货币总量的稳定增长，中央银行就需要在本币公开市场上大量吸收由外汇占款造成的基础货币投放，从而使公开市场操作的刚性对冲压力明显加大，直接影响了公开市场操作作为一种日常性、短期性和灵活性操作工具的使用效果。

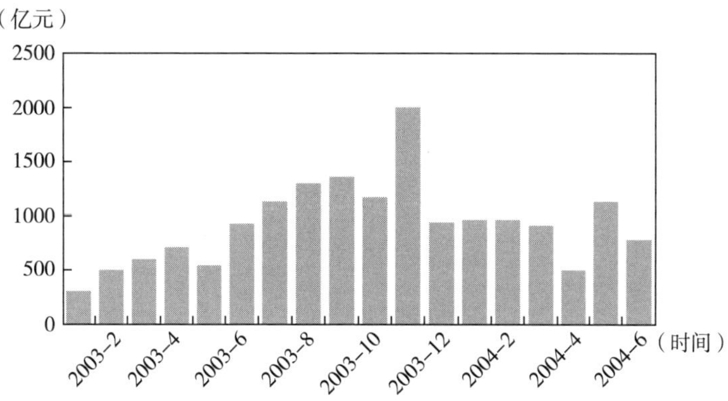

图 5-6　2003 年至 2004 年上半年各月新增外汇占款情况

资料来源：中国人民银行网站。

三、市场预期波动对公开市场操作的影响

一项政策的实施效果在很大程度上受到市场预期的影响，如果市场预期与政策意图相符，将增强政策运行效果，起到事半功倍的作用；如果市场对政策意图存在错误的预期，采取相背离的反应，则会减损政策执行效果，甚至导致政策失败。

从2004年来看，市场预期成为主导货币市场和债券市场演变的内在动力，中央银行公开市场操作与市场预期之间的博弈决定着公开市场操作意图能否有效实现。2004年4月初开始的宏观调控措施对抑制经济过热产生了重要作用，但同时也使短期内的宏观经济形势存在不确定性，再加上货币政策的透明度较低，因此这一阶段的市场预期波动性较大，而这种预期波动又会显著干扰公开市场操作的运行效果。如在4月初，市场对后期从紧的预期非常强烈，这时为降低市场紧张心态，保持市场利率稳定，公开市场操作采用了数量招标方式，但在市场预期的影响下出现了流标；并且在很短时间内，市场利率大幅攀升，12月中央银行票据利率从3月底的2.6%上升到4月中旬的2.95%，因此这一时期受市场预期的影响，难以实现公开市场操作的意图。

第六章　发行主体债券定价效率研究

第四章的实证研究表明，导致债券发行市场定价偏离的最重要因素是发行主体的理念以及发行规则设计与发行时机选择。如何更加科学地设计发行规则以及合理地选择发债时机是本章的研究主旨。本章通过对国债与国家开发银行债券发行价格差异的实证分析，对债券市场两个最主要的发行主体①——财政部和国家开发银行的债券发行定价效率进行比较，进而得到提高债券发行效率的启示。

第一节　发行目的与发行市场

债券发行市场，又称一级市场，是发行主体通过债券发行系统②首次向投资人出售新债券的场所。银行间债券市场的债券发行方式包括招标发行和协议发行两种，随着债券发行业务市场化程度不断提高，招标发行已经成为债券发行的主流模式。发行方式决定了一级市场的参与者全部是由符合主管部门要求的机构投资者组成，该类机构投资者称为发行主体的承销商。发行主体每年年

① 除了中央银行票据之外，财政部和国家开发银行一直为债券市场的第一和第二大发行主体。

② 债券发行系统是由中央结算公司开发和维护的、以现代计算机远程联网技术为依托的债券招投标系统，支持着财政部、国家开发银行、中国进出口银行、中国农业发展银行以及其他各类发行主体的债券发行业务。

初要向市场公布全年发债计划，并组建当年的债券承销团。

如第三章所述，自 1997 年 6 月银行间债券市场成立以来，财政部一直是最主要的发行者，1998 年国家开发银行首次在银行间债券市场发行债券并逐渐成为最主要的发行主体之一，发行规模每年快速放大，截至 2003 年国家开发银行已经与财政部两分天下。虽然自 2004 年以来，银行间市场债券发行主体进一步扩大至非政府类机构，并且主体数量增加较多，但截至 2005 年，主要债券发行主体中国家开发银行、财政部与人民银行并列而三分天下①。

一、国债发行

国债，包含内债和外债，指中央政府为了实现其职能，平衡财政收支，增强政府的经济建设能力，按照有借有还的信用原则，从国内或国外筹集资金的一种方式。我国政府自 1981 年恢复发行内债，自此内债发行规模不断扩大，由 20 世纪 80 年代初每年发行几十亿元，到 2004 年发行近 7000 亿元；内债品种增加较多，主要包括面向机构投资者发行的可流通的记账式国债，面对个人投资者发行的不可流通的凭证式国债；市场建设取得了一定进展，银行间债券市场、证券交易所债券市场已构成国债市场的主体框架。

国债作为财政资金不足的一种补充，在我国财政政策中占有重要的地位。国债发行，不仅为国民经济发展提供了大量建设资金，也在一定程度上满足了社会各类投资者投资国债的需要。同时，不断扩大的国债发行规模，为市场提供了更多的流动性，有利于活跃和稳定金融市场，保证财政政策和货币政策的有效实施。具体来说，国债发行的目的有以下几个方面：

（1）弥补财政赤字。发行国债是一种弥补财政赤字的国际公认的较好方法。发行国债是一种自愿、有偿、灵活的方式，国债发行只涉及资金使用权的让渡，是对社会资金和国民收入的一种临时再分配。流通中的货币总量没有改变，在正常情况下不会增加需求，不会导致通货膨胀，有利于供求平衡。

（2）筹集建设资金。如果说发行国债弥补财政赤字属权益之计，那么发

① 由于央行票据的发行主要是出于货币调控需要，中国人民银行并不十分考虑央票的发行成本，央行票据发行定价效率也并非十分重要，因此本章不涉及对央行票据的研究。

行国债筹集建设资金，扩大建设规模，对国家重点建设和基础性产业进行必要的倾斜扶持则是发行国债的主要目的。建设资金的相对不足或短缺往往是制约一个国家经济发展的突出问题，国家通过发行国债，可以有效地集中数额巨大的建设资金，加快经济的发展速度。

（3）调控宏观经济运行。长期以来，经济结构不合理一直是我国经济中的深层次矛盾，在我国市场机制、资本市场还不完善的情况下，必须由政府来加大结构调整的力度。通过发行国债，可以灵活、有效地执行不同时期的宏观经济政策，促使国民经济持续、稳定、健康、协调地发展。

（4）公开市场操作。国债已演变成为中央银行公开市场操作最理想的工具，其在现代市场经济中的宏观调控作用是借助公开市场操作而间接地发挥出来的。

在看到国债在经济运行中所具备的积极作用的同时，还应该看到其可能带来的负面效应，如“挤出效应”、资金利用率低等。

二、国家开发银行债券发行

国家开发银行于 1994 年 3 月成立，注册资本 500 亿元人民币，是我国最大的政策性银行。国家开发银行的主要任务是：建立长期稳定的资金来源，筹集和引导社会资金用于国家重点建设，办理政策性重点建设贷款和贴息业务，投资项目不留资金缺口，从资金源头对固定资产投资总量及结构进行控制和调节，按照社会主义市场经济的原则，逐步建立投资约束和风险责任机制，提高投资收益，促进国民经济持续、快速、健康发展。

债券发行是国家开发银行最主要的资金来源。在人民币债券发行业务方面，国家开发银行多年来在中国债券市场一直保持第二大发行主体的地位，通过不断为市场提供各种期限结构和品种的债券产品，建立了市场创新者的良好声誉，为推动中国债券市场的发展发挥了重要作用。国家开发银行债券存量占银行间债券市场债券存量的 30%。在外币债券发行业务方面，国家开发银行连续在国际市场发行全球债券的同时，继续在国内银行间债券市场发行境内美元债券。2005 年，穆迪、标准普尔和惠誉公司三家国际评级机构陆续给予国家开发银行主权级信用评级。

第二节　影响债券发行定价效率的因素

较低的债券发行成本，能够减轻债券发行主体的债务负担，加强其未来的偿债能力与控制风险能力。因此，所有的债券发行主体都以低成本发债作为其努力的目标。债券发行的成本直接取决于债券发行的定价效率，影响债券发行效率的主要因素有：

一、发行主体的市场化程度

虽然国债对于财政部而言，具有弥补财政赤字和筹集建设资金的主要作用，但国债在财政部的收入中只是居于次要地位，因为财政部还有强大的税收支持。财政部的主要职能中没有明确提出要以稳定筹资为主要目的，但是国家开发银行则不同，其所需资金的绝大部分都是在市场上筹集的。因此，这两类机构的筹资压力明显不同。在 20 世纪 90 年代中期发债属于行政派购的情况下，虽然不存在债券能否发行出去（即筹资压力）问题，但缺乏市场化的询价机制，极易出现价格偏高或偏低的情况。无论发行主体还是所有摊派的对象都是国有性质机构，根本没有发行成本（即定价效率）的概念，因而发行价格扭曲的格局长期存在。随着债券市场市场化程度的不断提高，筹资压力逐渐显现。筹资压力的不同会带来债券发行的市场化程度不同。债券供给方（资金需求方）必须满足不同投资者对不同品种债券的不同偏好。市场化程度越高的发行主体，越能够更好地满足投资主体的需求，其债券的定价效率也越高。

二、债券发行方式

债券的发行方式主要包括招标发行和协议定向发行两种。前者是指由发行主体根据拟发行债券所筹集资金的用途，以及基于对市场资金松紧的分析，确定招标方式、中标方式等发行条件，在市场上公开竞标发行债券，承销团成员按中标额度承销债券。后者是指由发行主体根据市场的需求，与债券认购人协商决定债券票面利率、价格、期限、付息方式、认购数量和缴款日期等发行条件、认购费用和认购人义务，并签署认购协议的一种方式，因而也是带有一定市场因素的发行方式，能较好地反映出市场情况，作为市场化发行债券的一种有效补充形式会在今后一定时期内继续存在。

在债券发行过程中，发行主体可根据需要选择不同的招标和中标方式。

招标方式主要有：①数量招标，即发行主体在招标书中明确发行总量、期限、票面利率或价格等要素，承销商只进行数量投标的招标方式；②价格招标，即发行主体在招标书中明确发行总量、票面利率、期限等要素，承销商只进行价格投标的招标方式；③利率招标，即发行主体在招标书中明确发行总量、价格、期限等要素，承销商只进行票面利率投标的招标方式；④利差招标，即发行主体在招标书中明确浮动利率中的基准利率或其确定方式、发行总量、期限等要素，承销商只进行利差（票面利率与基准利率的差额）投标的招标方式。在银行间债券一级市场，一年期以内（含一年）的零息债券通常采用价格招标；一年期以上的中长期附息债券通常采用利率招标。

中标方式主要有：①等比数量中标，是指在投标结束后，如果有效投标总量小于或等于发行总量，则每个承销商的有效投标量全部中标；如果有效投标总量大于发行总量，则按各承销商有效投标数量占有效投标总量的比例分配发行总量[①]。②统一价位中标，又称荷兰式中标或单一价格中标，是指在投标结束后，发行系统将各承销商有效投标价位进行排序（价格招标由高到低排序，利率、利差招标由低到高排序），直至满足预定发行额为止，中标的承销商都以相同的

① 假设发行总量为100亿元，共有4家承销商（A、B、C、D）参与投标，分别投标24亿元、30亿元、36亿元、60亿元。由于投标总量（150亿元）大于发行总量，各投标者中标量按有效投标数量占有效投标总量的比例进行分配。其中，A分得（24/150）×100=16（亿元）、B分得（30/150）×100=20（亿元）、C分得（36/150）×100=24（亿元）、D分得（60/150）×100=40（亿元）。

价格或利率中标[①]。③多重价位中标，又称美国式中标，是指在投标结束后，发行系统将各承销商有效投标价位进行排序（价格招标由高到低排序，利率、利差招标由低到高排序），直至募满预定发行额为止，此时所对应的价格以内的所有有效投标，各承销商分别以各自出价中标，并计算相应缴款金额。所有中标价位加权平均后的价格为该期的票面价格[②]。④混合式中标分利率招标和价格招标两种情形。一是利率招标，是指在投标结束后，发行系统将各承销商有效投标价位进行排序（由低到高排序），直至募满时为止，此时的价位点称为边际价位点。对低于边际价位点（含）的各投标价位及对应投标量计算加权平均价位，作为中标票面利率。对低于或等于票面利率的中标价位，按票面利率计算缴款金额；中标价位高于票面利率的标位，按各自中标利率计算缴款金额。二是价格招标，是指在投标结束后，发行系统将各承销商有效投标价位进行排序（由高到低排序），直至募满为止。此时的价位点称为边际价位点，对高于边际价位点（含）的各投标价位及对应投标量计算加权平均价，作为中标价格。对高于或等于中标价格的标位，中标价格计算缴款金额；对低于中标价格的标位，按各中标价格计算缴款金额[③]。银行间债券市场的国债和金融债券招标主要采用统一价位招标和多重价位招标，此外国债发行中还采用了混合式中标方式。

---

① 假设发行总量为100亿元，共有4家承销商（A、B、C、D）参与投标，投标价位、投标量分别为：A（3.6%，30亿元）；B（3.5%，24亿元）；C（3.8%，60亿元）；D（3.7%，36亿元）。发行系统对各承销商投标价位由低到高进行排序并累加各投标价位点投标量，累加至3.8%时已募满100亿元，则此时对应的价位3.8%为中标价位，4家承销商的中标价位都为3.8%。

② 假设发行总量为100亿元，共有4家承销商（A、B、C、D）参与投标，投标价位、投标量分别为：A（93元，60亿元）；B（91元，30亿元）；C（92元，36亿元）；D（90元，24亿元）。发行系统对各承销商投标价位由高到低进行排序并累加各投标价位点投标量，累加至91元已募满100亿元。投标价位在91元以上的承销商，按各自投标价位中标，所有中标价位加权平均后的价格92.56（元/百元面值）（93×60/100+91×4/100+92×36/100）为票面价格。

③ 假设发行总量为100亿元，共有4家承销商（A、B、C、D）参与投标，各家投标价位、投标量分别为：A（90元，24亿元）；B（91元，30亿元）；C（92元，36亿元）；D（93元，60亿元）。发行系统对各承销商投标价位由高到低进行排序并累加各投标价位点投标量：累加至91元已募满，则91元为边际价位点，91元以上各中标价位及中标量的加权平均价为92.56（元/百元面值）（计算同上），该价格为全场加权平均中标价格。高于或等于全场加权平均中标价格的中标价位（即承销商D）按92.56元计算缴款价格；低于全场加权平均中标价格的标位（即承销商B、C）按各中标价格计算当期国债缴款价格。

三、债券发行的时机与期限结构

选择合理的发债时机和期限结构能够有效降低债券的发行成本。比如，在市场利率处于较低水平或逐步上升时，适宜发行期限较长的债券，其期限最好长到市场利率回归到现有水平；在市场利率处于较高水平或逐步下降时，适宜发行期限短的债券或浮动利率债券。发债主体如果能够有效预期市场利率的变化趋势，就能优化债券发行利率期限结构。此外，随着国债发行的日益市场化与电子化，各项手续费会逐步降低，乃至取消。因此，如何选择债券发行时机与期限结构是债券发行成本优化的主要内容。

四、债券发行的创新程度

随着银行间债券市场发行主体的两次放开，债券发行的品种和期限得到了极大的丰富，这使在供给快速扩大的情况下债券的发行面临一定的压力，尤其是在市场环境不好时（如利率大幅上升）；与此同时，债券市场的投资主体类型与数量也大为增加，不同类型的投资主体对不同债券的偏好也各不相同。如何能够在众多同质债券品种中脱颖而出，在较好地满足投资主体需求的同时实现低成本发行，需要对债券的品种以及发行方式进行创新。国家开发银行债券即使在市场情况不好的情况下也能够屡屡发行成功，其原因就在于国家开发银行在国内债券发行中不断追求创新：1998 年 9 月，首次在银行间债券市场通过招标方式发行债券；1999 年 3 月，首次推出十年期浮动利率债券；2001 年 12 月，首次推出投资人选择权债券（可提前兑付债券）；2001 年 12 月，首次推出 30 年超长期固定利率债券；2002 年 3 月，首次推出增发债券；2002 年 6 月，首次推出发行人普通选择权债券（可提前赎回债券，含次级债概念）；2002 年 10 月，首次推出本息分离债券；2003 年 7 月，首次推出远期利率债券；2003 年 9 月，首次推出含利率掉期期权债券、境内美元债券；2004 年 11 月，首次推出 7 天回购新基准浮动利率债券。

五、投资主体的操纵行为

债券发行的定价效率明显受到投资主体行为的影响，尤其是部分垄断性机构的合谋行为，将会导致债券定价的过度偏离。例如，在2004年八期国债发行中出现了低价位投标搅局的现象，导致该期国债的最终票面利率比市场预估值明显下移。在加息预期淡化的背景下，期限为5年期的八期国债受到机构的追捧，超额认购倍率高达2.42倍。为确保中标，机构降低投标利率也本属正常现象，但是八期国债最低投标利率竟然低至3.35%，比4.3%的票面利率还要低。由于低价投标的搅局，八期国债的票面利率再度偏离市场预期。此前的2004年五期国债续发行时，也曾出现过搅局现象。由于数笔在99元以上的天价投标，五期国债的续发行利率与市场预期偏离8~13个基点。导致这一行为的原因在于，混合招标方式在设计上存在漏洞，让部分机构有了可乘之机。由于这一方式对票面利率的确定是以全场投标利率加权而定，也就是无论机构投标的利率是高还是低，均纳入票面利率的计算范围。这一计算方式容易使机构通过倒推的方式，在低价位上大量投标，达到压低票面利率的目的。以八期国债发行为例，在3.35%的投标价位上，5000万元的最低投标量将使最终票面利率下降0.19个基点。假使机构的目的是使票面利率由4.35%降至4.3%，则在3.35%附近的投标量投13亿元左右的量就可以达到目的。因此，不排除有部分机构以刻意压低一级市场发行利率的方式，助推二级市场，达到一、二级市场联动的目的。混合式招标在票面利率的确定方法上已经通过限制中标幅度而得到改进①，但投资主体通过拉动二级市场利率来操纵一级市场利率的行为仍然存在。

第三节 发行定价效率比较实证研究

鉴于中央银行票据主要是进行货币政策调控，且主要为一年以内的品种，财政部和国家开发银行发行的品种期限比较全，具有很好的比较性，在此笔者

① 比如，06国债（13）虽然也是以混合式招标发行，但是规定高于票面利率15个以上（不含15个）的标位，全部落标，这就在较大程度上避免了04国债（05）和04国债（08）的操纵行为。

仅对财政部和国家开发银行进行对比分析。

从理论上来分析，国债与国家开发银行债券（以下简称国开债）的发行价格之差，至少应该包含以下两方面的因素：一个是税收水平，投资国开债等金融债的利息收入要征收 33%、24%或 15%的所得税，而国债的利息是 0；另一个则是信用溢价，国开债尽管由于国家开发银行是政策性银行因而具有“准国债”的性质，但是与国债相比，还是应当包含一定的风险溢价。在这里，笔者假定国债和国开债具有同样的流动性。

两者理论价差=金融债收益率×利息所得税率+国开行信用溢价

因此，笔者的思考逻辑在于，如果能够从统计上证明，国债与国开债的发行价格之差不同于税收水平和信用溢价之和，那么就能够得出两类主体的债券发行效率高低。而如果能够得到这一结论，笔者即可分别从其实践当中总结出种种经验、教训，从而提出提高债券发行效率的对策与建议。

由于国债和国开债往往并不是同时、同日发行的，而发行时机的不同意味着不同的利率环境，因而将债券的发行收益率进行直接比较是不够准确的。采用二级市场的数据可以找到同一时点的国债与国开债之间的收益率差，因而可以有效避免这一问题。为此，笔者对 2004 年 7 月 1 日至 2006 年 6 月 30 日不同期限国债与国开债利差走势进行了分析，见图 6-1，可以发现以下几个特点：

一是债券的利差走势呈现明显的收敛走势。在 2005 年 7 月 1 日以前，不同期限国债与国开债之间的利差波动幅度巨大，而在这之后呈现明显的稳定集中趋势，这表明整个债券市场的价格更加走向同步，债券市场的流动性或者说发行效率正在不断提高。

二是 1 年期和 3 年期的利差走势相对比较稳定。1 年期利差一般在 50BP 左右，而 3 年期则还在 50BP 以内；不过，7 年期和 10 年期的利差走势则波动剧烈，尤其是在 2005 年 5 月 1 日以前，以 7 年期为例，2005 年 5 月 1 日以前，金融债的利率甚至比国债的利率还要低。

三是自 2005 年 11 月 1 日以后，各个期限国债和国开债之间的利差大小及变化趋势都相同，这也反映了这段时间无论是国债利率收益率曲线还是金融债收益率曲线的形状和变化趋势都是相同的。

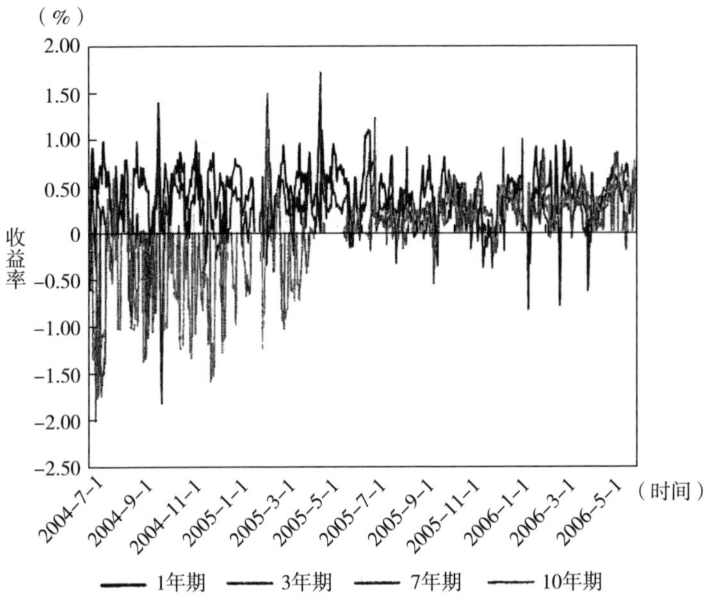

图 6-1　2004 年 7 月 1 日至 2006 年 6 月 30 日

不同期限国债与国开债利差走势

资料来源：笔者根据中国外汇交易中心本币交易系统交易行情整理。

四是在考虑税收效应的前提下，国债的收益率反而比金融债的收益率要高；即使不考虑税收，7 年、10 年期金融债竟然要低于国债的收益率水平。而如果考虑 33%或 24%的所得税率水平，那么所有四个期限的金融债的收益率都低于相同期限国债的收益率水平，只有在 15%的税率水平下，才会有 1 年期国债收益率低于金融债收益率，见表 6-1。因此，从二级市场来看，国债与金融债的收益率差明显小于所得税率水平。这也就证明了，就国债和金融债（如国开债）而言，国债的发行效率要低于国开债的发行效率。

表 6-1　债券二级市场收益率算术平均值　　单位：%

	1 年期	3 年期	7 年期	10 年期
国债	2. 24	2. 95	3. 67	3. 67
金融债	2. 68	3. 16	3. 50	3. 63

续表

	1 年期	3 年期	7 年期	10 年期
金融债税后（33%税率）	1.80	2.12	2.34	2.43
金融债税后（24%税率）	2.04	2.40	2.66	2.76
金融债税后（15%税率）	2.28	2.68	2.97	3.09

资料来源：笔者根据中国外汇交易中心本币交易系统交易行情整理。

第四节　对发行价格差异的进一步研究

在实践当中，投资交易主体对国开债的定价往往具有较大的随意性，有的是按照相同期限国债价格加上一定价差（包含税收因素和信用风险溢价）；而有的则根本不以相同期限国债价格为基准，而只是根据国开债自身的期限结构来估计。导致这一问题的关键在于，投资交易主体根本不知道国债与国开债的理论价差应该为多少，因此，如果能够通过实证研究搞清楚这一点，则无疑对于实践中债券定价具有较好的指导意义。

通过对国债和国开债的发行价格的走势分析，笔者得出了国债和国开债价格之间的相关性，从而通过国债的价格可以估计国开债的发行价格的目标，或者给国债和国开债的定价提供了另一种思路，因而具有较为重要的意义。

本书选择 2004 年 7 月 1 日至 2006 年 6 月 30 日的国债和政策性金融债的收益率作为研究对象，同时为了简便又不失代表性，期限仅限于 1 年、3 年、7 年、10 年期。以 $G1$、$G3$、$G7$、$G10$ 表示上述 4 个期限的国债收益率，以 $P1$、$P3$、$P7$、$P10$ 表示相应期限的政策性金融债曲线。这样两类收益率之间的利差就可以表示为 $Si=10000\times(Pi-Gi)$，其中 $i=1,3,7,10$。

则 $S1$、$S3$、$S7$、$S10$ 的描述性统计如表 6-2 所示：

表 6-2 描述性统计

	$S1$	$S3$	$S7$	$S10$
均值	37. 58596	20. 42495	11. 66387	12. 54791
中位数	45. 78500	22. 75000	19. 85500	20. 25000
最大值	96. 95000	89. 86000	90. 07000	150. 3900
最小值	-79. 79000	-92. 19000	-181. 1900	-202. 4000
标准差	29. 50763	21. 88307	39. 21217	49. 24537
偏度	-0. 682155	-1. 262730	-1. 939855	-1. 940357
峰度	3. 461993	7. 305687	7. 362438	8. 053884
Jarque-Bera	31. 46747	377. 9061	516. 9257	615. 7921
概率	0. 000000	0. 000000	0. 000000	0. 000000
和	13681. 29	7434. 680	4245. 650	4567. 440
标准差的和	316064. 1	173829. 4	558146. 6	880313. 6
观测值	364	364	364	364

资料来源：笔者根据中国外汇交易中心本币交易系统交易行情整理。

国债和政策性金融债的收益率之差的期望值分别如表 6-3 所示：

表 6-3 国债与政策性金融债的收益率之差

	均值	期限
$S1$	37. 58596	1 年
$S3$	20. 42495	3 年
$S7$	11. 66387	7 年
$S10$	12. 54791	10 年

资料来源：笔者根据中国外汇交易中心本币交易系统交易行情整理。

如果以线性形式表达出来，其方程式如下：

$S=26.53-0.99\times T$

其中，T 为债券的期限。

从方程式的形式可以看出，银行间债券二级市场上，国债与政策性金融债的利差与期限呈现负相关的关系，由于期限 T 前的系数为-0. 99，即期限每增加一年，利差就会缩小一个基点。这个关系从另外一个方面来说，期限越短利差越显著，期限越长利差反而越小，这反映出市场主体在政策性金融债方面的定价能力还有待于提高。

另外，从上述四个期限的对比来看，1 年期的利差呈现较为稳定的特点。对 *S*1 进行单位根检验，结果如表 6-4 所示：

表 6-4　S1 单位根检验

ADF 统计检验	1%临界值	5%临界值	10%临界值
-9. 453599	-3. 4431	-2. 8664	-2. 5694

由于 ADF 统计量为-9. 453599，明显大于-3. 4431，说明序列 *S*1 是相当平稳的，而 *S*10（见表 6-5）的平稳性与 *S*1 相比则明显逊色许多。这个特点从图 6-2 中也可以看出。

表 6-5　S10 单位根检验

ADF 统计检验	1%临界值	5%临界值	10%临界值
-3. 600194	-3. 4602	-2. 8742	-2. 5734

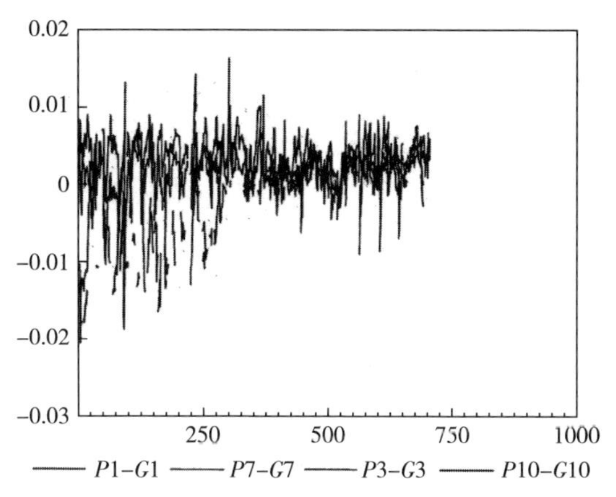

图 6-2　不同期限国债和政策性金融债利差走势

资料来源：笔者根据中国外汇交易中心本币交易系统交易行情整理。

以上内容说明，1 年期国债和政策性金融债之间的利差 *S*1 是稳定的，也是可靠的，在某种程度上可以充当国债和政策性金融债各期限之间的利差基准。如果忽略其他因素而只考虑信用差别的话，利差将不再受期限的影响，所以其他期限的定价就可以参照 *S*1 = 26. 53BP 进行。

值得欣慰的是，随着市场的不断完善，市场主体的定价能力也在不断提高，相较于 2004 年，2006 年两类债券不同期限的利差呈现出收敛的态势，受期限的影响逐渐减弱。

第五节　发行定价效率差异的原因

实证研究结果显示，国开债与国债的发行价格之差要小于利息税水平，也就是国开行债券的发行定价效率要高于国债。通过对债券的招标实践来考察决定或影响债券发行定价效率的原因主要体现在：

一是发行主体结构治理程度。通过对比发现，国家开发银行虽然作为政策性银行，但是其具有业务经营职能，其银行治理结构比较完善，具有明显的市场经营意识，市场化程度高。根据其运行情况分析，其经营效益、资产质量都处于政策性银行中最高的水平。财政部作为国家政府部门之一，其发行国债的目的是进行政府投资或弥补财政赤字，无论是筹资还是投资都是政府行为，而不是市场行为，大大降低了资源配置的效率。同样地，与政策性银行相比，商业银行和企业的公司治理结构更为完善，其市场化程度更高，相应地，其债券发行定价效率也就更高。

二是发行主体理念的市场化程度。单纯从债券发行的市场表现来看，国家开发银行、商业银行等公司治理结构较为完善的机构其发行理念也比较市场化，即坚持“互惠互利合作共赢”的市场理念，这类发行主体发行债券筹集到的资金基本是进行项目贷款的匹配，即资金运用决定资金筹集，相对而言其筹资成本具有两个参照点：发行时市场利率、资金运用收益率。

同期限市场利率≤理论发行利率≤资金运用率

因此，作为债券发行人债券成功发行的标志是：

实际发行利率≤理论发行利率

相对于财政部而言，无论是筹资还是资金配置都是政府行为，特别是资金

运用价格失效明显，自然对资金筹集成本造成一定程度的制约，作为发行部门，会较大限度地追求较低的筹资成本。

三是债券发行的创新化程度。作为主要发行主体之一的国家开发银行，自进入银行间债券市场以来，创新频频并领先于其他债券发行主体。该主体于1998年推出了第一只以1年期存款浮动利率债券，2001年先后推出了第一只20年、30年期限的超长期债券；特别是2002年在市场利率相对处于较低水平、潜伏风险较大的情况下，再次以创新引领市场，推出了投资人卖出权和发行人赎回权多种含权债券，受到了投资者的追捧。2003年下半年，在市场利率大幅下跌并且市场预期看空的情形下，国家开发银行主动在发行定价的基础上进行利率补贴，主动给投资者让利，不仅其债券获得了较好的发行成绩，而且在“人情味”比较浓的银行间债券市场获得了很好的声望，为其发行困难时期获得了无形的保证。所以在2002年、2003年、2004年债券大跌时期，国家开发银行的债券也能获得成功发行，在国家开发银行200多期债券发行中从没有流标事件的发生。

四是债券发行信息的透明和合理程度。债券发行计划的及时披露和发行规则的设计是否合理对发行定价效率也产生了很大影响。国家开发银行自2002年以来能够及时公布债券发行计划，提高了市场投资者资金运用安排的可预见性；特别是在发行规则设计方面取消了投标利率的上下限，价格完全由市场决定，并且中标方式基本上根据市场形势和投资者意愿选用统一价位中标或多重价位中标。

五是债券发行的灵活度。国家开发银行发行债券的另一个特点是债券发行较为灵活，在不改变已发行计划的基础上，采取了“需求决定发行”的策略，例如，在2005年针对货币市场需要配置久期很短的资产且需求旺盛的背景下，改变了原有发行品种的安排，适时推出了以7天回购利率为基准的三个月付息的中长期债券，并获得了成功的发行效果，实现了“一箭三雕”：首先是达到了低成本融资且长期使用的筹资目的；其次是满足了需求旺盛的货币市场基金配置短期资产的需求；最后是实现了创新，推出了银行间债券市场第一只以7天回购利率为基准的浮动利率债券，对浮动利率债券的基准利率进行了尝试和探索。

第七章　交易主体圈子效应和同质效应对定价的影响实证检验

前文的实证研究表明，圈子效应和同质效应作为交易主体的两种主要行为，对银行间债券市场定价的影响很大，需要对其进行进一步的研究。本章将分别对圈子效应和同质效应展开研究，通过进行统计实证，然后在考虑圈子效应或同质效应的前提下对债券的定价模型进行修正。

第一节　圈子效应对定价影响的实证检验

一、圈子效应的定义和内涵

有人群的地方就一定会分出圈子，正所谓“物以类聚，人以群分”。很难给出圈子一个精确的定义，大致含义是因为人对于归属感和安全感的需求而出现的，因为地位、志向、趣味、年龄相近而自发形成的小团体。在社会学里，“圈子”是指一种基于某一种或多种利益（或爱好）而形成的人际关系网，俗称“人脉资源”，其表现形态为“非正式组织”或“边缘化组织”，没有章程、没有合约、没有责任、没有权利，也没有义务，组织形式和行为松散、无序多变，主要依靠兴趣爱好（或利益）结合，依赖风俗习惯维系，全凭“仁义礼

智信”等道德观念约束。

但就是这个看上去“什么都没有”的圈子，深刻地改变了笔者的生活方式。圈子成了一种文化，一种生活方式，一种价值观念。它让笔者获得一种非正式的认同，让笔者可以超越城市、单位等固定归属，而拥有更灵活，也更人性化的归属感。一方面，圈子主要是居于“利益的原因”，因为它的运作不是无目的的，往往有着极其明确的功利指向；另一方面，圈子内部关系又异常紧密，因为圈子内的人际关系是超越正常社会人际关系的。

圈子的本质是利益问题，几乎可以说每一个圈子都是利益圈子，圈子的精髓在于打造“人脉”。在当今信息社会，信息就是金钱，而信息的来源是人，所以“关系就是生产力”也就成了时下人们的共识。

无论你是否承认，你总是自觉不自觉地处在某一个或某几个圈子当中。即使是从古今中外的角度来观察，这类圈子现象也几乎是无处不在的。银行间债券市场由于其实行场外自主询价和交易的特点，使圈子现象更为明显。

通过观察 2002 年至 2006 年上半年银行间债券市场的债券成交结果，笔者发现，很多机构的交易对象在相当长时间内都是较为稳定的，根据问卷调查显示银行间的交易员也往往偏好于和自己相对熟悉的机构和交易员打交道或交易。例如，无论是交易市场债券买卖还是发行市场分销，交易员都首先是跟自己关系密切的机构开始进行询价，只有在对方不愿意交易时，交易员才会考虑与其他关系不甚密切的机构联系。因此，从交易对手的选择方面，银行间债券市场的交易行为存在明显的圈子效应。

二、银行间市场圈子的特点与作用

圈子里良莠不齐。当前对圈子的讨论多是批判，但要辩证地看待圈子问题，认真剖析圈子的成因和效应。良性圈子是一种和谐力量，圈子在某种程度上是社交的需要；有时是维护共同关注的利益的需要。可以在一定程度上、在法律能够容纳的范围内允许一些圈子存在，注意引导其发挥正面作用。

中国人的圈子问题存在的客观原因在于公民自治水平偏低、公共信息不对称、社团组织不发达；主观原因在于中国人的重情重义的文化理念和道德传统使然。基于中国人对个体与群体（集体）关系的处理，笔者认为中国传统文化具有“强群体主义”特征，既非个人主义，也非集体主义。中国民族文化重感情、尚人伦、讲关系，存有家族家庭情结。由家族家庭情结出发，很容易以血缘关系为圆心建立自己的人际关系网。“强群体主义”的突出特点是，中国人在依据“正式关系”形成正式组织之外，一般根据亲缘、地缘、业缘、同学、战友等关系又结成普遍的、广泛的、众多非正式群体。

银行间债券市场的圈子就是不同主体间的交易人员在志趣相投、价值取向一致的基础上，按照“熟人好办事”的思维逻辑形成的为交易服务的一个个非正式组织。银行间债券市场交易相对活跃的主体有上千余家，所形成的圈子数量自然也较为可观。根据对市场成员公认的几个比较大的圈子的跟踪研究分析，圈子具有非常明显的共性特点：

一是圈子中成员类型比较丰富，机构间一般不具有同质性。根据多个不同圈子的成员组成分析，同类型的机构很难形成一个相对稳定的圈子，例如，实力雄厚、市场影响力的市场主体如国有银行、保险公司、大型基金公司等因为市场资源的稀缺性更多表现为一种竞争和排斥关系。相反，不同类型的机构，因为实力的不同、资源的互补性等原因很容易形成一个个的圈子。在一个比较大的圈子中一般囊括国有银行、股份制银行、城市商业银行、农村信用社、基金公司等各种类型机构。

二是圈子一般具有核心成员。在一个比较大的圈子中，成员类型比较丰富，机构实力参差不齐，一般情况下实力雄厚、资源相对丰富、市场形象较好、地位较高的机构一般在其圈子中处于核心和领袖地位。

三是圈子成员之间交流和交易比较频繁。基于银行间债券市场交易需要电话沟通、一对一的询价，交易成员之间的沟通和交流成为决定交易能否顺利达成的重要环节。问卷调查显示，在所有被调查者中 91%的人表示在交易需求产生时将优先与熟悉的机构和人员进行询价；在认同银行间具有圈子现象的被调查者中 100%的人表示交易需求产生时将优先与圈子的成员进行询价。根据对银行间债券市场 2002 年至 2006 年上半年每个季度的交易数据进行对比分析显示，市场大型主力机构的前 30 名的交易对手比较稳定，稳定区间为 51%~83%。

四是圈子内明显存在“一方有难、八方支援”的救助效应，以及对违反市场规则的成员进行“孤立”，具有惩罚性质的自律效应。在问卷调查中，“如果市场成员一方出现暂时性的困难，在不违反原则和不损害本单位利益的情况下，您是否会伸手援助”中，28%的成员表示“愿意”，71%的成员表示“看熟悉程度”，1%的成员表示“不愿意”；相反，在“如果圈子内成员一方出现暂时性的困难，在不违反原则和不损害本单位利益的情况下，您是否会伸手援助”调查中，被调查者一致表示“愿意”。同样地，在“如果某市场成员与另一个市场成员在正常的询价交易中没有信守承诺，而且也没有不可抗的原因，您对这两个市场成员也不太熟悉，您会怎样处理”中，87%的被调查者表示“无所谓”，13%的表示“谴责违约方”。相反，在“如果圈子内某成员在正常的询价交易中没有信守承诺，而且也没有不可抗的原因，您会怎样处理”中，91%的表示“谴责违约方”，63%的表示“孤立或不再继续合作”。

五是调查显示，银行间债券市场的圈子行为是合规的。通过对多个银行间债券市场的圈子进行观察，圈子内成员在交易中没有发现明显利益输送行为，在交往与活动中遵循的是银行间债券市场有关规章制度。问卷调查结果显示，在“圈子内成员有没有违反市场制度、利益交换的行为”调查中，97%的被调查者表示“没有”，3%的被调查者表示“没有发现”。

从银行间债券市场圈子的特点可以看出，银行间债券市场大大小小的圈子大多是一种良性圈子，它与社会上公开批判的官场上或正式组织内部产生的具有帮派性质进行利益交换、权力交换的圈子不同，它是以中华民族源远流长的情感为纽带，针对银行间债券市场相对处于初级阶段的特点，市场成员间在债券交易过程中形成的较为长期稳定的友好合作关系。在银行间债券市场，形成一种长期的战略伙伴关系对于一个市场主体而言至关重要。如果将这种友好合作关系看作一种收益的话，它就是对未来风险的一种防范。根据对核心圈子的观察和总结，圈子无论是对市场主体还是对银行间债券市场的稳定发展都起到了重要的推动和补充作用。

第一，在中国信用制度不健全的现实情况下，圈子作为一种非正式的同盟关系，起到了维护诚实守信的作用。由于我国缺乏健全统一的信用制度及执法力度的不严，法人之间违约、“三角债务”、逃废债行为非常普遍，银行机构成为其中最大的受害者。圈子内部成员间相互了解，具有明显的“知根知底”的熟人效应，而且圈子内部之间的交易不但具有本单位的诚信，而且无形中圈子成员的“个人信用”也成为双方发生债券交易的“抵押品”，成员为本次交易的发生具有明显的“连带”责任。根据问卷调查，在“您是否会为了本单位的利益而故意与您熟悉的友方发生交易违约”中，93%的被调查者表示“不会”。基于银行间债券市场的此种实际情况，某银行总行资金交易中心上海分部在选择交易对手中明确两个条件：一是机构实力和信用程度；二是负责该项业务的运作人员的个人诚信。根据这两个条件，总数不多的大型“主力机构”因为实力雄厚，市场诚信度高，直接被选择为交易对手；对占市场多数、实力一般或相对较弱的机构，还要重点对运作人员进行诚信评级，进而判断是否确定为交易对手。

第二，在银行间债券市场透明度不高、传递效率相对低下的情况下，圈子作为一种信息传递的载体，起到了提高市场传递效率的作用。在问卷调查中，半数以上调查者认为银行间债券市场虽然发展很快，但是，更多地呈现为初级阶段的特点，如规模快速扩大，债券品种数量、业务类型的快速扩充，以及主体数量增加迅猛，在发展质量、市场化程度等方面相对较低，如市场透明度不高、信息不对称、市场传导效率比较低、交易相对不活跃等。市场成员通过圈子打造的沟通交流平台，及时进行信息传递、业务探讨和合作，弥补了市场不完善造成的缺陷，提高了市场的传递效率。在“如果您掌握了与市场有关的第一手信息，您会尽快告诉您熟悉的成员吗”的调查中，被调查者一致表示在允许的范围内会尽快告知。笔者在交易中多次进行过圈子信息传递效率的测试，其中：笔者当时所在机构委托某小型市场成员在债券市场卖出某品种债券5000万元并要求保密，结果在一个小时之内，先后有11家市场成员询求笔者所在机构是否有买入该债券的需求，经过查证就是笔者所在机构拟卖出的债券。由此可见，圈子的信息传递效率比较高，特别是每个市场成员处于多个圈子之中，通过圈子的重叠，进一步提高了市场的传递效率。

第三，在银行间债券市场资源紧缺、市场运行效率不高的条件下，圈子作为一个合作的平台，提高了市场资源的配置效率。我国金融业面临市场体制运营加速时期，我国资本市场尚处于新兴市场阶段，金融机构特别是银行类机构、保险机构资金可运用渠道狭窄，在此背景下债券市场成为最主要的可运用渠道，虽然每年债券发行上万亿元，仍然出现债券市场供给不足的矛盾，特别是虽然新产品、新工具层出不穷，但是对庞大的资金需求而言也只是杯水车薪，造成资源呈现稀缺状态。另外，如前所述，银行间债券市场基础设施相对落后，市场公开程度低、信息不对称等因素，尤其是询价交易方式，决定了交易方在搜寻意向对手时"如大海捞针"，大大降低了成交的概率。银行间债券市场圈子的存在，成员间交流和合作比较密切和频繁，因此提高了债券资产的流动性，较好地调剂了成员间资源的余缺，提高了市场资源的配置效率。自2005年企业融资券推出以来，市场一直供不应求，并因此直接产生发行溢价，溢价区间为40~100BP，在所有市场机构中，货币市场基金是最合适也是最迫切需要融资券进行资产配置的，根据问卷调查显示，96%的市场成员表示，能否在发行市场获得稀缺的企业融资券取决于与承销商的密切程度。根据融资券托管数据统计，近70%的融资券通过发行市场和交易市场流向了货币市场基金。

第四，在中国金融快速变迁和市场流动性可能出现振荡的情况下，圈子作为内部成员的一种互助的保护器，起到了对未来风险的防范作用。我国金融市场和债券市场正在进行一个快速发展的过程，也是一个市场快速变迁的过程，原中国银监会对金融机构的监管要按照国际化的标准行事，中央银行对市场的调控也正逐步由直接调控向间接调控转变，各金融机构也必须按照巴塞尔协议的标准进行商业化运作，无论是监管主体、调控主体还是商业主体都必须按照市场化的规则运行。市场化的运行和市场快速的变迁加大了市场波动的风险，长期以来已经习惯于政策扶持和风险政府承担的商业运作主体面对市场不得不审视市场的风险，特别是自2002年以来，中央银行出于对宏观经济进行调控和加快利率市场化进程的需要，频频动用间接调控手段，先后六次调整了准备金率、准备金利率、存贷款利率，造成银行间债券市场资金面的紧张，银行机构的流动性经历了严峻考验，银行间债券市场自发形成的圈子发挥了重要作用，高效率发挥了银行间债券市场最基本的功能，有力地调剂了机构之间的资金余缺。

第五，在银行间债券市场自律性组织缺位的背景下，圈子作为一种非正式的自律性组织，为市场管理主体搭建了一座政策与市场沟通衔接的桥梁，起到了管理主体管理市场的辅助作用。相对于交易所证券市场而言，银行间债券市场的自律服务功能缺位，一直缺乏一个类似于证券行业协会的定位明确、功能完善的自律性组织，致使其应有的服务职能只能由债券托管机构——中央结算公司、债券交易服务机构——外汇交易中心，甚至管理主体中央银行，发行主体财政部、国家开发银行等机构承担，一方面造成各主体职能错位，降低了市场运行的效率，另一方面造成真正缺乏市场交易主体沟通交流合作的平台，特别是缺少政策与市场的衔接，造成了市场多头管理、服务与管理等不利于政策传导、市场健康运行的状态。银行间债券市场圈子的存在，自发地行使了自律性组织的功能，较大地弥补了市场自律性组织缺位带来的不足。例如，2004 年初，金融时报社和市场大型市场主力机构就银行发起设立货币市场基金问题进行了研讨，并邀请中国人民银行有关主管部门参加，由此推动了市场举办了首届货币市场基金论坛，促进了货币市场基金的诞生，货币市场基金成为银行间债券市场主要的生力军。针对银行间债券市场的违约问题，2005 年，南京商业银行和国泰君安先后召集市场主力机构开展了“诚信”研讨会，呼吁市场开展治理诚信问题。根据市场统计，市场交易主体发起的研讨活动呈现增多趋势，一方面表明市场对自律性服务组织的需求越来越强烈，另一方面说明市场成员以圈子为形态进行团体交流活动。

三、圈子交易存在性证明

在完全竞争的市场条件下，交易主体之间的交易机会是均等的，即如果一市场的交易主体数为 N，那么某单个主体与其余 N-1 个主体之间进行交易的概率是相等的。也就是说，该主体都有可能与每一家机构进行交易，但事实上，这个朴素的逻辑在银行间债券市场上却是不成立的。无论从制度上还是从交易机制上分析，银行间债券市场圈子交易有其存在的客观必然性，这一点与大多数人的直观感觉是一致的。为了能够从数量的角度来进一步印证圈子交易的存在，下面进行实证分析。实证分析所采用的数据来自于中国货币网和中国债券网上发布的公开数据。分析过程分为两步：

（一）圈子大小的统计分析

圈子大小是指一段时间内对手方的数量。通过对银行间债券交易量最活跃的前 10 名市场成员的交易情况分析（见表 7-1），任何一家机构的对手方数量基本上不会超过 200 家，约占市场成员的总数 1200 余家的六分之一，也就是说，一家机构最多只能与市场中的少数主体保持交易关系，绝大多数的市场成员从未与之发生过交易行为。这说明圈子交易是客观存在的，并且圈子的半径通常都比较小。

表 7-1　圈子大小的简单统计（2003—2006 年）

成员	2003 年	2004 年	2005 年	2006 年
成员 1	89	97	112	139
成员 2	102	115	146	187
成员 3	77	106	118	122
成员 4	147	142	156	235
成员 5	99	144	181	203
成员 6	66	85	101	119
成员 7	47	54	69	82

资料来源：笔者根据中国货币信息网资料整理。

（二）圈子的稳定性分析

从上面的统计数据可以看出，交易圈子的大小每年平均在 200 家以内，如果能够证明圈子交易的构成是稳定的，那么就可以证明圈子交易存在的真实性。如果将一家金融机构在每个时间段内圈子的组成表示为 C_1，C_2，C_3，…，C_n，那么只要观察 $C_1 \cap C_2 \cap C_3 \cap \cdots \cap C_n$ 是否稳定即可。

以银行间债券市场一家具有代表性的银行为例，应保密性的要求，本书隐去该机构的名称和圈子内的成员名称，其各季度的交易圈子如表 7-2 所示：

表 7-2　某机构每季度的圈子大小变动统计

季度	代码	圈子大小
2004 年第二季度	C_1	99
2004 年第三季度	C_2	117
2004 年第四季度	C_3	184
2005 年第一季度	C_4	144
2005 年第二季度	C_5	165
2005 年第三季度	C_6	187
2005 年第四季度	C_7	181
2006 年第一季度	C_8	185
2006 年第二季度	C_9	203

资料来源：笔者根据中国货币信息网资料整理。

对 2006 年第二季度前 4 个季度的交易圈子进行集合的交集运算，结果为 $C_6 \cap C_7 \cap C_8 \cap C_9 = 134$，约占圈子半径均值的 70%，说明自 2005 年第三季度开始，该银行的交易圈子是比较稳定的，圈子内的成员组成没有发生大的变化。

对其他市场成员的交易圈子进行类似分析发现，虽然不同的圈子特点可能不一样，如圈子大小、圈子组成等，但得到的结论是相同的，即银行间债券市场的圈子交易是客观存在并且长期稳定的。

（三）圈子的半径呈现不断扩大的趋势

随着银行间债券市场的不断发展和各交易主体客户拓展力度的不断加大，交易圈子的半径呈现逐年扩大的趋势，交易圈子半径的扩大是银行间债券市场走向成熟的重要标志。仍然以上面提到的银行为例，其圈子半径递增趋势是十分明显的（见图 7-1）。

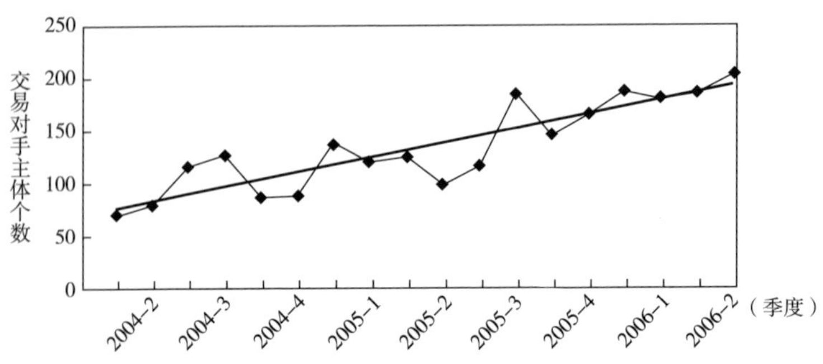

图 7-1　某银行交易圈子的半径变化

资料来源：笔者根据中国货币信息网资料整理。

从圈子的组成来看，随着时间的推移，形成类似“年轮”的结构不断向外扩展，其中最里面的部分是由该机构关系最稳定、最熟悉的对手方组成，最外层的部分则是新发展的交易对手，见图 7-2。

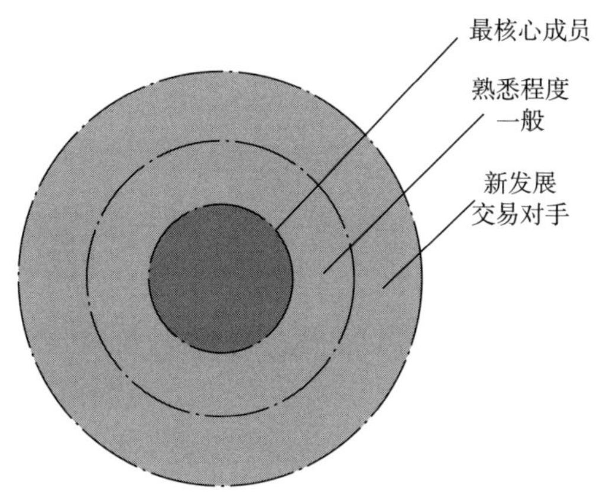

图 7-2　圈子的年轮

资料来源：笔者制作。

四、圈子现象对主体定价行为的影响

圈子现象的客观存在会对交易主体的定价行为产生较为明显的影响。圈子的存在导致了折价效应的产生，折价的多少与同交易对手方的熟悉程度是密切相关的，直观上，与交易对手越熟悉折价力度越大，对交易对手越不了解折价力度就会越小。

为了描述折价程度，笔者以圈内对手方交易利率与当日市场加权利率的利差（s）来表示；为了描述与对手方的熟悉程度（x），笔者以该交易主体与对手方认识时间的长短来表示。t 为品种的期限长度，下面来建立 s 与 x、t 之间的关系 s（x，t），对指定的一家金融机构而言，线性回归为：

$$s=ax+bt+c+\varepsilon=X\beta+\varepsilon$$

其中，a、b 分别为熟悉度和交易期限的回归系数，c 为常数项，三个待估的系数可写成向量形式 β，ε 为随机扰动项。按照普通的最小二乘法，β 的估计值为：

$$\hat{\beta}=(X'X)^{-1}X's$$

不可否认的是，不同的金融机构所对应的圈子肯定存在一定的差异性，因此每个刻画圈子的方程可能会存在一定的差异性，但是由于银行间债券市场已具备较高的市场化程度，在竞争条件下，这种差异性应该不会太大，否则，整个市场的均衡就会被重构，稳定的圈子关系就会被打破。因此，整个银行间债券市场就会存在一个唯一折价效应，亦即 $A=E(A)$，亦即取期望值。

由于债券回购在银行间债券市场流动性最强、交易笔数最多、份额高，具有最强的代表性，因此笔者选择2004 年1 月1 日至2006 年6 月30 日的质押式回购的交易数据作为进行计量分析的基础。对指定的某一金融机构，其圈子的交易数据样本如表 7-3 所示。

表 7-3　圈子的交易数据样本

期限品种	交易利率	日加权利率	利差（BP）	熟悉度（年）
7 天	2. 10	2. 23	13	4
……	……	……	……	……

资料来源：笔者根据中国货币信息网资料整理。

回归结果如表 7-4 所示。

表 7-4　7 天回购利率折价效应回归结果

变量	回归系数
X	-4. 642857
T	-5. 089286
C	2. 589286

由此可知，圈子的折价效应（利差）$s=-4.65x-5.09t+2.59$。所以在进行利率产品定价时，有必要考虑把上述得到的折价效应放入行为因子中对债券定价进行必要的修正。下面给出一个具体的例子：

06 国债（07）是期限为3 个月（0. 25 年）的国债，在2006 年7 月3 日当天某金融机构以 1.84 的收益率卖出给其圈子内的一个交易对手，根据该金融机构的圈子数据，该金融机构与交易对手的熟悉度为 3，对应的折价效应为：

$-4.65\times3-5.09\times0.25+1.59=12.63$（BP）

即应该对当日的加权利率低 12.63 个基点。同时根据全国银行间同业拆借中心公布当日的收益率曲线，3 个月期的收益率为 1.95，二者相差 11 个基点，十分接近于 12.63 个基点。计算结果如表 7-5 所示。

表 7-5　计算结果

日期：2006 年 7 月 3 日 期限：0.25 年 熟悉度：3	实际交易利率：1.84 当日公平利率：1.95
折价效应：12.63 个基点	利差：11 个基点

资料来源：笔者自制。

第二节　同质效应定价实证检验

一、同质效应的定义和内涵

由前文内容可知，银行间债券市场的交易主体包括中外资银行、农村信用社、保险公司、证券公司、基金公司、信托公司、保险公司、财务公司、企业等多种类别主体。根据其交易规模、影响能力、交易偏好等特点，大致可以归为三类类别：银行类（包括国有银行、股份制银行、城市商业银行、农村商业银行和信用合作社、财务公司）、保险公司类（包括中资保险公司、外资保险公司）、基金证券类（包括证券公司、基金公司、信托公司）。不同类型的机构表现出对债券偏好的不同以及带来的交易风格的差异，笔者将此种现象总结为同质效应。笔者主要就相同类型的机构，即同类机构对债券定价的影响进行深入阐述。

债券按照剩余期限分为短期债券，中期债券和长期债券。由于上述三类市场主体对自身资产流动性和收益性的需求不同，它们自然对不同期限的债券有所偏好，例如，基金证券类，特别是货币基金，它们对自身的资产流动性要求比较高，因此相对偏好短期债券，这样它们可以及时调整公司的资产结构，相应地，对于银行来说，它们的资产结构比较稳定，短期调整的需求不是很大，所以它们偏向于短中期债券；而保险公司，特别是寿险公司，它们的准备金制度和寿险合同的长期性保证了它们十分稳定的现金流入和流出，所以它们主要投资于长期债券；商业银行的资产管理技术较差，市场敏感度较低，因而缺乏通过频繁债券交易调整资产结构的需求。类别差异主要表现在市场交易主体在银行间债券市场选择交易品种、金融创新、债券资产组合、利率风险控制等方面的认知差异。

（一）商业银行经营理念和发展模式成熟度差别不大

对一家真正理性和审慎的商业银行而言，正确的经营目标才是第一位的，其总行资金营运部所选择的债券资产投资和负债管理，一定要站在总行的角度将资金营运战略放在整个银行的经营目标之下考虑，具体来说就是配合总行在盈利、市场份额、可持续经营和金融产品优势等具体经营目标之间权衡取舍，为确立商业银行的新目标模式服务：通过风险控制下的金融服务赢得短期和长期利润，通过持续的利润现金流获得银行的可持续发展和有效扩张。

（二）业务能力和服务水平整体差异不大

银行间债券市场虽然发展很快，规模较大，但是市场可供交易的债券品种和产品相对单一，市场的主力品种主要是债券回购、债券买卖等传统方面，特别是承销商、双边报价商、公开市场交易商、债券代理商所从事的产品交易基本趋同，所提供的服务和产品也基本一致，具有明显的服务同质性的特点。

（三）金融机构风险管理水平的差异较小

我国商业银行持有的国债、政策性金融债占全部资产的平均比例已接近或超过20%；商业银行的流动性管理，也已从过去主要依靠信用拆借和中央银行再贷款，进而转为主要利用债券市场来进行。面对市场剧烈波动，风险管理（尤其是利率风险管理）水平的高低直接导致市场各成员间的资金营运回报率。除大型商业银行、部分股份制银行和个别城市商业银行外，我国大多数商

业银行未建立严格的资金营运业务的内部风险控制机制。严格的内部风险控制机制是指，对资金业务对象和产品实行统一授信，实行严格的前后台职责分离，建立中台风险监控和管理制度，防止资金交易员从事越权交易，防止欺诈行为，防止因违规操作和风险识别不足导致的重大损失。我国商业银行还不能有效运用资产组合的观点和工具对其持有债券资产进行科学有效的管理和规避利率风险，主要表现为债券资产总量与结构不匹配、债券资产与资金来源在收益率和久期上的不匹配等。因此，商业银行在 2003 年以来的银行间债券市场剧烈波动中处于不利境地。

此外，因存在一般性经济壁垒和法律、政策壁垒，银行间债券市场具有特有的高社会性进入壁垒。最明显的就是，市场分割限制了市场交易行为和金融创新，降低了市场流动性，统一市场基准利率无法形成，影响了利率市场化进程、债券交易效率和市场配置效率，因而也对主体的定价行为产生了重要影响。

二、银行间债券发行市场同质效应的实证检验

综上所述，同质效应在发行市场体现得最为明显。因此，笔者首先通过研究发行市场各类投资交易主体认购债券的品种考察同质效应。笔者对 2005 年的发行市场的承销额进行了统计分析，见表 7-6。由于国债和国开债是发行市场上最主要的债券品种（除中央银行票据外），占到了 2005 年整个债券市场的发行额度的 61.41%（除中央银行票据外），因而对整个债券发行市场具有较好的代表性。

表 7-6　2005 年银行间债券市场各类机构债券（国债和国开债）认购

单位：亿元，%

债券期限（年）	合计认购额	银行类		保险类		证券类	
		数额	比率	数额	比率	数额	比率
0.25	411	264.5	64.36	45.9	11.17	100.6	24.48
0.5	100	68	68.00	0	0	32	32.00
0.75	360	309.7	86.03	0	0	50.3	13.97
1	985.5	646.4	65.59	33.4	3.39	305.7	31.02

续表

债券期限（年）	合计认购额	银行类		保险类		证券类	
		数额	比率	数额	比率	数额	比率
2	984.7	801.9	81.44	25.5	2.59	157.3	15.97
3	324.5	258.3	79.60	4.5	1.39	61.7	19.01
5	1467.4	895.9	61.05	80.4	5.48	491.1	33.47
7	985.6	614	62.30	54.8	5.56	316.8	32.14
10	1250	805	64.40	82.5	6.60	362.5	29.00
15	1102.7	546.4	49.55	112	10.16	444.3	40.29
20	539.2	227.7	42.23	74.4	13.80	237.1	43.97
30	188.7	55.7	29.52	33.6	17.81	99.4	52.68
合计	8699.3	5493.5	63.15	547	6.29	2658.8	30.56

注：保险类机构中包含了社保基金。

资料来源：笔者根据中国债券信息网资料整理。

从表7-6中可以清晰地发现，不同类型的机构对债券的需求规模以及对不同期限债券品种的偏好是不同的。具体来说，有以下两个特点：

（一）从认购市场份额来看，银行类和保险类机构是发行市场债券需求的主要机构

银行类机构是银行间债券市场的绝对主力，占到了63.15%的份额，这一数字还不包括有些银行由证券公司代投的债券；证券类机构的承销额度也占到了整个市场的30%，不过需要指出的是，证券类机构由于自身的资金有限，绝大部分承销的债券最终都分销到了其他类型的机构，如银行、保险公司、基金公司以及其他类型的机构①；保险类机构只占整个承销市场份额的6%，在发行市场显得相对不甚活跃，这主要因为保险类机构数量较少，尤其是具有承销资格的保险机构太少了，国债承销团除了社保基金外，只有平安保险、中国人寿、中国人保以及华泰保险四家，国开债承销团也只有中国人寿、平安人寿、华泰财险以及泰康保险四家。尽管如此，正如前文所述，保险类机构极有可能委托证券类机构投标债券，据笔者保守估计，证券类机构的债券中有一半以上

① 由于数据限制，笔者无法对此进行进一步的精确分析，而只能进行大概估计。

分销到了各类保险类机构中，因此，就整体而言，是保险类机构而非证券类机构在国债发行市场的分销额度排名第二，其占有份额估计至少20%。因此，保险类机构是仅次于银行类机构的第二大债券认购机构。

（二）从认购品种的期限结构来看，不同类型机构对不同期限的债券偏好不同

不同类型机构对不同期限债券品种的认购比例不同，见图 7-3。这表明不同类型机构对不同债券品种的偏好不同。具体表现在以下两个方面：

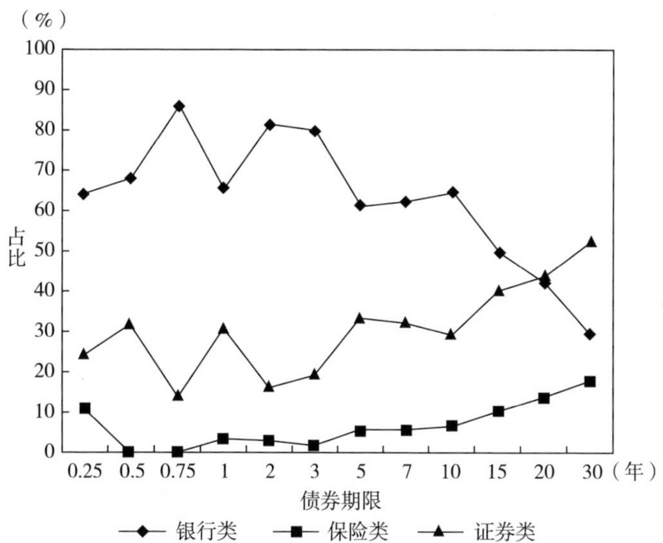

图 7-3　银行类、保险类、证券类机构债券认购比例与债券期限关系

资料来源：笔者根据中国债券信息网资料整理。

1. 保险类机构偏好长期债券的特点非常明显

除了 05 国债（15）这一期 3 个月的短期债券保险类机构认购数量较多之外，从图 7-3 中可以很清晰地看出，保险类机构认购的比例随着期限的增加而不断增加。因此结论很明显，保险类机构对长期债券表现出了明显的偏好。这还不包括很多非承销团成员的保险机构从证券类承销机构那里代为认购的债券。从证券类机构认购比例与债券期限关系可以发现，债券期限在 10 年以下

时，这类机构的认购比例一直稳定在15%~30%的水平，然而，当债券期限达到10年以上后，证券公司的认购比例反而直线向上，这与证券类机构自身的特点明显不符，因为这类机构自有资金并不充足，明显缺乏动机来持有风险度很高的长期债券，即使长期债券的收益率略高，但与股票市场的投资收益相比还是偏低。因此，证券类机构很可能主要是代保险机构投标。如果这一推测属实，那么保险机构对长期债券的认购比例绝不仅仅只有17.81%（以30年债券为例），而应该是70%左右；而且笔者这里还没有考虑一些保险类机构可能通过银行类机构投标长期债券的行为，由此可见，保险类机构对长期债券具有很大程度的垄断性是毋庸置疑的。

2. 银行类机构主要集中于认购中期债券

从图7-3中可以发现，银行类机构认购的债券主要是10年期以内的品种，稳步占到了整个市场的60%以上，而9个月、2年期和3年期的品种更是达到了80%，显示银行类机构主要对中期债券的偏好。银行类机构偏好中期债券的理由也不难理解，长期债券的风险过大，而短期品种的收益过低，在风险与收益之间的平衡使银行最终偏好中期债券。

此外，由于近年来中央银行票据的发行呈现高速增长的态势，而且已经占到整个债券发行量的2/3。因此，对中央银行票据的投资交易主体进行研究十分必要。2005年年末，未到期的中央银行票据的总量为20296.00亿元。其中，绝大部分都被银行类机构所持有，但是银行类机构购买中央银行票据的主要目的在于短期流动性管理，大部分都是以持有到期为目的，因此，持有中央银行票据最大交易量的银行对中央银行票据的定价的影响力反倒不是最大。对中央银行票据具有最大影响力的应该是仍在高速增长的货币市场基金，尽管截至2005年年末，共有24只货币市场基金，总体份额仅有1829.73亿份。这主要是因为货币市场基金管理制度内在决定了其对中央银行票据的偏好。按照2004年8月16日公布的《货币市场基金管理暂行规定》第三条，“货币市场基金应当投资于以下金融工具：（一）现金；（二）一年以内（含一年）的银行定期存款、大额存单；（三）剩余期限在三百九十七天以内（含三百九十七天）的债券；（四）期限在一年以内（含一年）的债券回购；（五）期限在一

年以内（含一年）的中央银行票据；（六）中国证监会、中央银行认可的其他具有良好流动性的货币市场工具”。因此，货币市场必然以期限一年以内的债券品种投资为主。

三、银行间债券市场同质效应的实证检验

在债券定价方面也存在明显的同质效应。在前面的心理实验部分，调查的结果证实了笔者的判断。下面，笔者还可以通过市场数据来进行统计分析，以此来进一步证明这一点。

具体的方法是，选取了银行间以及非银行间的金融机构的债券交易作为研究样本（一共5664条记录），将所有的交易者分为两类：一类为银行类机构，包括城市商业银行、城市信用联社、股份制商业银行、国有银行、农村商业银行以及农村信用联社；另一类为非银行类机构，包括信托投资公司、证券公司、基金公司、保险公司以及财务公司等。

为简单明了，这里只选取当卖方是基金公司时，它面对的这两种类型的金融机构的统计结果来分析，统计的对象是买方的日收益率，见表7-7。结果显示，当卖方是基金公司时，买方中信托投资公司、城市信用联社、财务公司、证券公司以及基金公司的日收益率均高于0.025，而买方中其他银行类机构却只在0.020左右。这表明，基金公司给予非银行类机构的价格要低于银行类的机构，这显然违背了传统金融理论的推测。

表7-7　卖方是基金公司时的买方日收益率

买方	观测值	样本数	均值	均值标准误
国有银行	288	288	0.0202766	0.000286684
股份制商业银行	263	263	0.0216069	0.000338510
城市商业银行	167	167	0.0238578	0.000478660
证券公司	98	98	0.0254188	0.000844403
邮政储蓄	65	65	0.0225253	0.000704849
基金公司	60	60	0.0251955	0.000527117
农村信用联社	48	48	0.0246452	0.000736835

续表

买方	观测值	样本数	均值	均值标准误
农村商业银行	37	37	0.0213203	0.0010336
保险公司	31	31	0.0241393	0.0012669
城市信用联社	6	6	0.0266773	0.0018725
信托投资公司	5	5	0.0293428	0.0011976
财务公司	3	3	0.0260417	0.0052344
外资银行	2	2	0.0177270	0.0013920

资料来源：笔者根据中国债券信息网资料整理。

当然，仅仅比较均值的大小是不够的，还要从统计上给出检验。笔者检验的模型是按照如下方式设定的：

（1）将城市商业银行、城市信用联社、股份制商业银行、国有银行、农村商业银行、农村信用联社这六类机构划为银行类。

（2）将信托投资公司、证券公司、基金、财务公司划为证券基金类。

（3）将保险公司、社保基金、住房公积金单独划为一类。

分别把买方与卖方都分作这三类，剔除非这三类的数据。有了这样的分类笔者就可以将对交易双方是同类与交易双方是异类的情况下的买方收益情况进行比较。这里笔者仅以卖方是银行类为例进行统计分析：

第一种情况：买方为银行类和证券基金类；统计结果见表 7-8、表 7-9、表 7-10。

表 7-8　描述性统计

变量	买方	样本数	Lower CL 均值	均值	Upper CL 均值	Lower CL 标准差	标准差	Upper CL 标准差	均值标准误
收益率	银行类	1560	0.0259	0.0267	0.0276	0.0161	0.0167	0.0173	0.0004
收益率	证券基金类	1411	0.0235	0.0238	0.0241	0.0062	0.0064	0.0067	0.0002
收益率	Diff（1-2）	（1-2）	0.002	0.003	0.0039	0.0126	0.0129	0.0132	0.0005

资料来源：笔者根据中国债券信息网资料整理。

表 7-9 t 检验

变量	方法	方差	自由度	T 值	Pr>｜t｜
收益率	Pooled	Equal	2969	6. 24	<0. 0001
收益备	Satterthwaite	Unequal	2053	6. 47	<0. 0001
收益率	Cochran	Unequal	.	6. 47	0. 0001

资料来源：笔者整理。

表 7-10 方差齐性检验

变量	方法	自由度	分母自由度	F 值	Pr>F
收益率	Folded F	1559	1410	6. 71	<0. 0001

资料来源：笔者整理。

结果显示，当卖方是银行类时，买方是银行类的收益要明显高于买方是证券基金类，两者的差值为 0. 003。另外，分别给出方差齐和不齐两种情况下的 t 检验结果和近似结果。方差齐性结果检验显示方差不齐，因此采用方差齐时的 t 检验结果作为最终的分析结果，即 t = 6. 47，p<0. 0001。两组均数的差别具有统计学意义。

第二种情况：买方为银行类和保险公司类；统计结果见表 7 - 11、表 7-12、表 7-13。

表 7-11 描述性统计

变量		样本数	Lower CL 均值	均值	Upper CL 均值	Lower CL 标准差	标准差	Upper CL 标准差	均值标准误
收益率	银行类	1560	0. 0259	0. 0267	0. 0276	0. 0161	0. 0167	0. 0173	0. 0004
收益率	保险公司	93	0. 029	0. 0304	0. 0317	0. 0058	0. 0066	0. 0077	0. 0007
收益率	Diff（1-2）		-0. 007	-0. 004	-23E-5	0. 0158	0. 0163	0. 0169	0. 0017

资料来源：笔者根据中国债券信息网资料整理。

表 7-12　t 检验

变量	方法	方差	自由度	T 值	Pr>|t|
收益率	Pooled	Equal	1651	-2. 09	0. 0367
收益率	Satterthwaite	Unequal	174	-4. 51	<0. 0001
收益率	Cochran	Unequal	.	-4. 51	0. 0001

资料来源：笔者整理。

表 7-13　方差齐性检验

变量	方法	自由度	分母自由度	F 值	Pr>F
收益率	Folded F	1559	92	6. 37	<0. 0001

资料来源：笔者整理。

结果显示，当卖方是银行类时，买方是银行类的收益要明显低于买方为保险公司类，两者的差值为 0. 004。另外，分别给出方差齐和不齐两种情况下的 t 检验结果和近似结果。方差齐性结果检验显示方差不齐，因此采用方差齐时的 t 检验结果作为最终的分析结果，即 $t=-4.51$，$p<0.0001$。两组均数的差别具有统计学意义。造成这一现象的原因可能是由于保险公司类的交易标的主要是长期债券，收益相对中短期债券来说偏高，而银行类同银行类的交易标的主要是短期债券，所以在这种情况下掩盖了和前面相类似的结论。

笔者再对卖方是证券基金类进行统计分析，都得到了相似的结论：同类机构交易买方的收益要高于异类机构交易买方的收益。因此，笔者可以从这些统计差异中得到以下结论：我国债券市场，尤其是银行间债券市场的交易行为存在一种自发的分割行为，其中一方为银行类金融机构，这类金融机构基本上都属于国有，其背后有国家强大的信誉支持。另一方为非银行类金融机构，以证券公司和基金公司为代表。当交易者之一为证券公司时，它们可能会对证券公司和基金公司报出较低的价格，并且会有长期这样的趋势，哪怕同某个银行交易能取得更大的收益，它们也会放弃。事实上，这种分割行为就是定价过程中的同质效应的集中体现，而且这种同质效应还广泛存在。毋庸置疑的是，这种同质效应对债券的定价偏离产生了重大影响。

四、同质效应债券定价模型

传统的债券定价是利用现金流对无风险利率进行贴现得出的结果。这里的无风险利率是采用通过债券样本计算出的利率期限结构得出的。即：

$$P_i^* = \sum_t CF_t^i \cdot D(t, t + \theta)$$

其中，P_i^* 表示债券 i 的理论价格，CF_t^i 表示债券 i 所包含的在未来时间 t 发生的现金流，$D(t, t+\theta)$ 表示与时间 t 对应的贴现函数值，$(t+\theta)$ 表示贴现函数的参数向量（或矩阵）。

很显然，如果笔者按照这个公式来确定笔者交易时的债券的报价，有明显的不足。笔者在上文已经分析过，交易的价格受交易双方类型的影响。如果只是单纯地用利率期限结构来进行贴现，而没有考虑这种交易上的特征，那么指定的价格与真实交易的价格可能就有较大的偏差。考虑到这种情况，笔者在进行贴现的时候，引进行为因子 BF 进入贴现函数。这里采用示性函数的表达方式：

$$BF = \begin{cases} \alpha & \text{当交易双方是同类时} \\ \beta & \text{当交易双方非同类时} \end{cases}$$

引进行为因子进入贴现函数以后：

$$D(t, t+\theta) = \exp[-\theta \cdot (R(t, \theta) + BF)]$$

这里，$R(t, \theta)$ 代表的是距离 t 日 θ 天的即期连续复利，θ 代表的是第 t 次现金流距离现在的时间。

在引进行为因子以后，笔者针对这种分类，通过最优化方法估计出 BF 的大小。

由于需要估计的参数只有三个，所以样本量的大小不需要太大，太大会对估计形成不利的影响。这里笔者选取 26 笔交易的数据，选取的样本主要为当卖方为银行类，而买方为不同类型机构的交易数据，具体见表 7-14、表 7-15、表 7-16。其中，付息频率代表每年付息的次数，其中 04 国债（03）是 2 年期国债，并且到期一次还本付息，05 国债（02）期是贴现债券，到期每张债券可赎回 100 元现金。

表 7-14　卖方是银行、买方也是银行的交易样本

交易日	债券名称	成交净价	付息频率	到期日	息票率（%）
2005-12-5	04 国债（03）	106.16	0	2006-6-10	2.40
2005-12-6	05 国债（13）	99.83	1	2012-11-25	3.01
2005-12-6	05 国债（13）	99.83	1	2012-11-26	3.01
2005-12-20	02 国债（15）	99.95	1	2009-12-6	2.93
2005-12-22	05 国债（11）	99.38	1	2010-10-20	2.14
2005-12-26	04 国债（04）	111.5	1	2011-5-25	4.89
2005-12-28	05 国债（08）	99.94	1	2008-8-15	1.93
2005-12-29	03 国债（06）	100	1	2008-7-25	2.53

资料来源：笔者根据中国货币信息网资料整理。

表 7-15　卖方是银行、买方是证券基金的交易样本

交易日	债券名称	成交净价	付息频率	到期日	息票率（%）
2005-12-1	05 国债（02）	99.56	0	2006-3-15	贴现
2005-12-7	03 国债（07）	100.34	1	2010-8-20	2.66
2005-12-14	03 国债（01）	100.64	1	2010-2-19	2.66
2005-12-16	01 国债（13）	99.62	1	2006-11-27	2.86
2005-12-19	05 国债（11）	97.39	1	2010-10-20	2.14
2005-12-21	05 国债（05）	103.43	1	2012-5-25	3.37
2005-12-23	01 国债（05）	103.88	1	2008-6-22	3.71
2005-12-26	05 国债（14）	99.97	1	2007-12-15	1.75

资料来源：笔者根据中国货币信息网资料整理。

表 7-16　卖方是银行、买方是保险公司的交易样本

交易日	债券名称	成交净价	交易日	债券名称	成交净价
2005-12-5	05 国债（12）	100.1	2005-12-13	03 国债（01）	100.85
2005-12-6	03 国债（09）	106.45	2005-12-16	04 国债（06）	113.05
2005-12-9	02 国债（05）	85.85	2005-12-16	05 国债（04）	107.95
2005-12-9	03 国债（09）	104.25	2005-12-20	99 国债（02）	107.7
2005-12-9	02 国债（02）	100.5	2005-12-27	02 国债（05）	87.31

资料来源：笔者根据中国货币信息网资料整理。

然后，根据每个样本的日期，选取当天的利率期限结构，由于笔者这里获取的期限结构只有 1 年期、2 年期、3 年期、5 年期、7 年期、10 年期、15 年期、20 年期、30 年期的即期利率，所以在计算时这些数据是不够的，这里笔者采用著名的 B 样条插值算法，来拟合其他时点上的即期连续复利。例如，笔者这里有一个样本是发生在 2005 年 6 月 29 日，在这一天的利率期限结构只有上面提到的 9 个值，见表 7-17。

表 7-17　2005 年 6 月 29 日的利率期限结构　　单位:%

期限	1 年	2 年	3 年	5 年	7 年	10 年	15 年	20 年	30 年
利率	1.52	2.01	2.44	3.12	3.58	3.98	4.12	3.98	3.52

资料来源：笔者根据中国外汇交易中心本币交易系统交易行情整理。

为了获取其他期限结构的值，这里使用 MATLAB 进行 B 样条插值，得到图 7-4。

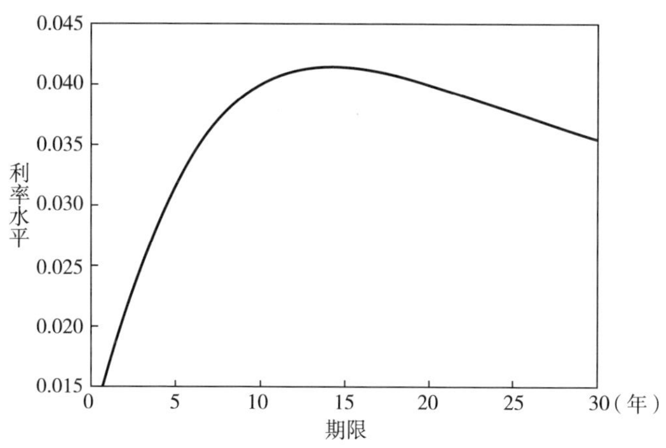

图 7-4　B 样条插值法下估计的利率期限结构

笔者通过 MATLAB 里面的 fnaval 函数得到任意点的值，这里就解决了期限结构的问题。

由于这是非线性方程，用计量模型来估计存在一定的困难，而且也不知道最终的参数是否收敛，故此笔者用最优化的办法来估计这个模型，笔者的优化条件是：

$$\min_{bf} \sum_{i=1}^{40} |P_i - P_i^*|$$

其中，P_i 代表样本 i 真实的交易价格，P_i^* 代表样本 i 根据模型计算出来的理论价格。

根据上面的优化条件，利用 26 个样本分别进行理论价格的计算，通过 MATLAB 的最优化工具箱计算得出：$\alpha = 0.0008$，即 8 个基点；$\beta = -0.0009$，即 9 个基点，$\gamma = -0.0006$①。其中 α 代表交易双方都是银行类的行为调整因子；β 代表卖方是银行类，买方是证券基金类的行为调整因子；γ 代表卖方是银行类，买方是保险公司类的行为调整因子。

计算结果见表 7-18、表 7-19、表 7-20。从表 7-18 中可以看出，当银行类是卖方、买方也是银行类的 8 个样本中有 7 个加进行为因子修正后的价格比理论价格更加接近交易价格。从表 7-19 中可以看出，当卖方是银行类、买方是证券基金类的 8 个样本中有 6 个加进行为因子修正后的价格比理论价格更加接近交易价格。从表 7-20 中可以看出，当卖方是银行类、买方是保险公司类的 10 个样本中有 8 个加进行为因子修正后的价格比理论价格更加接近交易价格，因此，行为因子的加入有效地改进了定价误差。

表 7-18　卖方是银行类、买方也是银行类的理论价格修正结果

交易价格	理论价格	修正后的价格	交易价格	理论价格	修正后的价格
106.16	107.4586	106.52	99.38	98.1693	97.848
99.83	100.4079	99.9639	111.5	113.8065	113.4203
99.83	100.4079	99.9639	99.94	100.327	100.1438
99.95	101.3664	101.0937	100	102.2577	102.0766

资料来源：笔者整理。

① 笔者可以通过久期对优化条件进行加权，因为到期日越长，债券的价格波动越大，这样可以消除异方差性。由于笔者选取的样本基本上没有长期债券，所以这里没有采取加权的做法。

表 7-19 卖方是银行类、买方是证券基金类的理论价格修正结果

交易价格	理论价格	修正后的价格	交易价格	理论价格	修正后的价格
99. 56	98. 5236	99. 0289	97. 39	98. 4259	98. 9651
100. 34	101. 56	102. 0025	103. 43	101. 564	102. 3682
100. 64	98. 1248	98. 8569	103. 88	101. 699	102. 596
99. 62	98. 5483	99. 1204	99. 97	98. 6359	99. 2647

资料来源：笔者整理。

表 7-20 卖方是银行类、买方是保险公司类的理论价格修正结果

交易价格	理论价格	修正后的价格	交易价格	理论价格	修正后的价格
100. 1	98. 2359	99. 5867	100. 85	98. 6584	99. 8748
106. 45	104. 5697	105. 7569	113. 05	111. 2586	114. 9984
85. 85	86. 2569	87. 5298	107. 95	108. 9564	109. 5846
104. 25	103. 9658	105. 5683	107. 7	103. 5297	104. 5287
100. 5	98. 5694	99. 8543	87. 31	85. 4982	86. 3596

资料来源：笔者整理。

总体来说，BF 变量的作用还是很显著的，对于价格的制定具有一定的指导意义。当然选取不同的样本会有不同的 BF 值，但是至少笔者能够大概知道调节的范围，同时也再一次证明了前文统计分析中阐述的交易特征的存在。

第八章　研究结论与政策建议

本书运用行为金融学理论框架，采用心理实验、金融计量等方法对我国债券市场定价过程中的主体行为进行了深入研究，本章主要对前文的研究成果进行总结，并提出修正主体定价行为的对策。

第一节　研究结论

在对债券市场的微观主体基础和金融生态环境进行分析的基础上，笔者对主体行为进行拟合并通过数量化模型求证出主体定价行为因子，进而引入行为因子对市场主体按照管理主体、发行主体、交易主体进行定价行为的分类实证分析，并推导出了用于指导实际工作的定价模型，基本能够解决笔者在交易工作中遇到的难题。

第一，无论根据债券市场数据检验的结果，还是从投资交易主体心理实验的证据来看，债券定价偏离问题在我国债券市场中普遍存在，而且成为导致市场大幅波动的最主要原因。

第二，定价偏离问题主要是由于包括管理主体（中央银行）、发行主体（财政部、国家开发银行等）以及交易主体（商业银行、保险公司、货币市场基金等）在内的主体行为造成的，而主体行为主要是由其参与债券市场的动

机与偏好，以及包括市场集中度、产品差异化在内的微观市场结构所决定；生态环境是影响主体行为导致定价偏离的内在根源。

第三，通过对心理实验结果采用 Logit 模型分析表明，导致发行市场、交易市场定价偏离的最重要因素包括发行主体的发行规则设计、中央银行货币政策的一致性及其制定的透明度，以及投资交易主体之间的圈子效应和同质效应等方面。

第四，实证研究结果表明，公开市场操作对同期的市场短期利率有较好的解释作用，表明我国公开市场操作对短期利率目标和市场流动性的调控能力和调控效果较强，但是中央银行通过货币政策缓解定价偏离的效率仍然受到两个方面的明显制约：短期内多目标之间的协调问题以及外汇占款的刚性对冲压力不断增大。

第五，对财政部与国家开发银行债券发行收益率（价）差的走势及其形成的原因剖析后发现，发行主体提高其债券发行效率的途径应该为：适当淡化“降低资金成本”的融资策略，实行“合作性博弈”的“共赢”理念，不断根据市场情况调整发行的规模与时间，并加快推出创新品种以满足市场的多样化需要。

第六，统计研究表明，圈子效应和同质效应不仅在银行间债券市场广泛存在，而且是导致投资交易主体定价偏离的最重要原因。从制约层面来分析，这两类效应的存在有着相当的必然性和一定的合理性。

第二节　改善主体行为的政策建议

要提高债券定价的准确性和增强主体行为的有效性，必须站在战略的高度，需要各市场主体的共同努力，特别是要从管理层面推进改革进程，进一步促进债券市场广度和深度的发展。针对本书的研究情况，笔者具体提出以下对策和建议：

一、进一步改进和加强债券市场的金融生态建设

回顾和总结我国债券市场发展过程中的经验和教训、培育和改善金融生态对于我国债券市场健康发展意义重大，在发展过程中注重金融生态的完善与协调，债券市场就能得到快速、健康发展；反之就可能出现系统性风险。银行间债券市场成立以来，始终保持规范、稳健运行，市场成员不断扩大并已经覆盖了所有金融企业和非金融企业，交易量稳步增长，市场利率平稳，从未出现违规事件，这与监管部门在对银行间债券市场进行监管过程中，始终高度重视培育和改善金融生态是密不可分的。金融生态的引入，表明我国金融体制改革将逐渐转向更多注重金融体系和金融发展的外部环境与基础条件的全面改善，从而极大地推动我国金融市场的发展。金融生态的改善与金融市场发展密不可分，要进一步推动市场发展，就必须加快改革，大力改善金融生态，进而形成有利于资源高效配置的价格发现机制。

第一，改善金融生态需要改造债券市场的微观基础。对债券市场而言，就是要从债券市场参与主体的培养和改造入手。一是要加强市场开放程度，丰富市场主体的类型，促进参与主体行为的市场化与需求多元化，防止行为趋同导致债券市场缺乏活力或产生利率大幅波动或市场振荡。二是大力培育和扩大交易主体队伍，奠定促进市场发展的主观基础。合格的市场参与主体是市场健康发展的核心要素之一，因此要着力引入合格的市场主体，提高市场主体的整体素质，特别是要大力发展基金投资者、海外投资者和大型企业主体队伍，增加主体类型，削减交易主体的同质性，提高交易主体的竞争力。三是培养市场主体的风险意识和信用意识，增强其风险分析能力与管理能力。四是扩大债券市场的外延，采取措施使中国最庞大的资金潜力军——个人投资者通过各种方式进入债券市场的渠道更为通畅，为企业年金、社保基金、住房公积金等集合性资金的投资运作创造条件。

第二，改善金融生态应该完善债券市场的法律制度环境。首先要完善以《证券法》为代表的一系列基本法律法规，以引导和规范各市场参与主体的行为，维护正常市场秩序；其次要建立完善统一的金融市场规章制度，如会计核

算、税收以及信息披露制度等，保持市场公正性，提高市场透明度。

第三，改善金融生态应该完善债券市场信用体系。债券市场是一个信用交易的市场，信用体系的完善与否决定着市场交易成本的大小和运行效率的高低。完善信用体系，应该将建立与完善信用体系作为整个社会信用体系的一部分，统筹考虑，协调安排；要做好债券市场内部相关制度安排，包括建立和完善融资券、企业债信用评级机制，引导与培育信用评级机构，加强市场参与主体信用记录和数据的积累管理等；此外，还应该加强信用宣传，增强市场参与主体的信用意识，培养市场信用文化。

第四，改善金融生态应该改善与完善债券交易中介服务体系，应该充分发挥外汇交易中心、中央结算公司、信用评级机构以及货币经纪公司等中介服务机构在债券市场运行中的重要作用。一方面，应该制定完善统一的相关市场规章制度，对中介服务机构的执业行为进行规范和引导；另一方面，应积极创造条件，逐步加大市场对外开放程度，引进外国中介服务机构以提升我国中介服务机构的专业化服务水平。

第五，改善金融生态还应该完善债券市场的监督管理体系。市场监管部门的监管理念与监管方式对债券市场的发展有着重大影响。监管部门应该继续坚持市场化的监管理念，尊重市场发展的一般规律。同时，监管当局还应该坚持严格依法行政，提高行政管理透明度，特别是债券市场“政出多门”，在完善现有市场监管架构的基础上，应该通过正式的制度安排，建立监管部门之间稳定的沟通协调机制。

二、进一步提高我国公开市场操作对市场行为有效性的影响

我国公开市场操作作为市场化货币政策操作工具，充分体现了其主动性、灵活性、时效性和公平性的特点，在对调控基础货币和货币供应量方面发挥了重要作用，同时引导了市场利率走势。但是，我国长期形成的经济体制下的特点还在发挥惯性作用，单纯用市场化的间接手段进行调控很难达到很好的效果。我国的货币政策调控还是以数量调控为主，特别是出于国家战略的需要，自 2001 年以来公开市场的主要力量在对冲大量不断增加的外汇占款，不断削

弱了对国内经济宏观调控的效果，而且长期维持国内低利率政策，影响了国内投资者的利益，例如，2004 年为防止人民币过快升值，中国人民银行为减少外汇占款或国际游资的进入，调控了银行间债券市场利率，一年期中央银行票据利率一度降低到 1. 35%左右（一年期存款利率为 2. 25%），使银行资金运营成本收益倒挂。因此，中央银行公开市场在调控、解决宏观经济中出现的一系列问题的同时，还要进一步增强其货币政策操作的科学性和前瞻性。

第一，完善债券市场运作机制，提高市场透明度和运行效率。要从根本上解决债券市场发展中的问题，关键在于进一步完善市场运作机制，健全规则，加快市场创新，建立一套高效、协调、灵活，以规范管理、促进发展为主干，以创新为先导，以监督、保障、供给、调控为配套内容的市场运作机制。特别要解决“多头管理”的问题，应按照货币政策制定与实施、市场监管、行业自律、交易结算服务、债券发行和投资交易等市场职能，由中央银行统一协调、管理，对参与主体重新定位，形成参与主体规范运作、配合默契、运行高效的管理运作机制。

第二，加快利率市场化步伐，促成市场基准利率的形成。中国人民银行在利率市场化方面做了大量工作，但是利率基准多样化的局面还没有得到很好的改观，利率管制的特点还较为明显，因此，一方面需要进一步放开存款利率的上限和贷款利率的下限，进一步简化存贷款利率的种类，削减利率种类；另一方面实现公开市场操作由数量调控为主向利率调控为主的转变，合理引导市场利率乃至金融资产的定价。

第三，积极推进人民币汇率形成机制的改革，增强人民币汇率的弹性，提高人民币汇率形成的市场化程度，降低外汇市场对本币利率市场化的挤占效应。

第四，综合运用货币政策工具，进行组合调控，助升公开市场操作调控的效果，特别要积极进行公开市场操作手段、方法以及品种的创新，提高公开市场操作的灵活性和有效性。

三、加强债券市场建设，提高债券发行定价效率

发行主体和投资交易主体是一对矛盾主体，发行主体的根本目的是以相对

较低的成本筹得足够数量的资金，投资交易主体的根本目的是资金能够投资收益率相对较高的债券。根据前述研究和对比分析可以看出，这种矛盾可以得到很好的调和，即双方建立在遵从“共赢”的理念基础上，提高市场化行为，相互间建立动态的博弈合作关系，使发行定价更为合理。具体要从以下四个方面进行改进和规范：

第一，发展和理顺各市场关系，形成统一的债券市场格局。债券市场分割的局面严重，首先要在银行间债券市场内部解决公开市场、发行市场与交易市场，国债市场与金融债企业债市场等各子市场分割的问题；其次要打通银行间债券市场和交易所市场，允许银行类投资者进入交易所市场，实现场外市场和场内市场并举发展的格局。

第二，增加债券供应量，改善供求失衡的矛盾。银行间债券市场是按照“扩大交易群体”的主线发展壮大起来的，债券供不应求的矛盾较为突出，需要管理主体按照中央既定的“扩大直接融资比例”的发展资本市场的要求，进一步增加债券发行主体，特别是要大力扩大企业债券、商业银行债券和企业融资券的供应量，缓解供求矛盾。

第三，优化产品结构，加快产品创新速度，以创新推动市场发展。银行间债券市场在债券品种结构上主要存在两大问题：一是以商业信用为基础的债券品种严重缺乏，二是市场避险产品和工具严重不足。针对这种状况，中央银行加快了产品创新的步伐，陆续推出了新的债券品种和衍生产品。总体来看，还需要继续大力推动金融产品开发、规范和引导金融衍生产品创新，大力发展公司债券、地方政府债券，积极扩大信贷资产证券化试点工作，推动国际开发机构在国内发行人民币债券。在开展债券远期交易和利率掉期的基础上总结经验并适时推出。

第四，要加强发行主体的公司治理结构，提高发行主体的市场化行为。管理主体要加强监管，严格发行主体的信息披露制度，及时规范发行行为。发行主体要树立市场化的理念，在发行成本和筹资之间进行很好的兼顾；要加强对宏观经济形势、利率走势的研究，增强对债券发行的预见性，更为合理地安排和调整发行计划和发行进度。市场主力发行主体，特别是财政部要站在战略的高度，积极培育与促进市场发展，健全债券品种期限结构，促成债券收益率曲线的完善和基准收益率曲线的形成。

四、完善市场化运作机制，提高主体的市场化行为，以求缓解圈子效应和同质效应

银行间债券市场圈子多为良性圈子，发挥着重要作用。圈子的存在本身可以证明银行间债券市场的市场化程度还不是很高，还有其存在的价值，无论是管理主体还是市场核心交易主体可以很好地加以引导和利用，使其不断朝着良性的方向发展。但是，毕竟圈子有一定的排外、不规范的缺陷，以及存在时间的阶段性。同质效应造成债券市场的自发分割，使市场的有效性减弱，真实价格与理论价格偏差较大，这些给资源配置、财务决策带来了更多的不确定性，对整个金融体系有很大的不良影响，价格的发现机制不能得到有效的发挥。而且，频繁地同某几家公司或银行交易，会造成风险的相对集中，给危机的爆发埋下隐患，在危机发生时容易形成连锁反应，带来更加严重的损失。但是，无论是圈子效应还是同质效应在短时间内很难消除，需要加快债券市场的建设步伐，相信随着银行间债券市场的发展，市场制度会不断健全、市场化程度会不断提高、主体行为会不断规范，圈子效应和同质效应会逐渐削弱。对于管理层而言，要加强金融生态建设，进一步丰富市场主体、培育和改造主体行为，创新市场工具和规章制度，加强银行间债券市场乃至整个国家信用制度体系建设，并加大对违规违法行为的执法力度，是缓解这两类效应的中长期策略。对于市场发行主体和交易主体而言，采用同质效应和圈子效应等主体行为因子修正债券定价是缓解其定价偏离从而增加收益与规避风险的短期策略。

参考文献

[1] Anderson, N. and Sleath, J. New Estimates of the UK Real and Nominal Yield Curves [J]. Bank of England Quarterly Bulletin, 1999, 39: 384-392.

[2] Bekaert, C., Hodrick, R. and Marshall, D. On Biases in Tests of the Expectations Hypothesis of the Term Structure of Interest Rates [J]. Journal of Financial Economics, 1997, 44: 309-348.

[3] Bollerslev, T., Engle, R. F. and Wooldridge, J. M. A Capital Asset Pricing Model with Time-varying Covariances [J]. Journal of Political Economy, 1988, 96 (1): 116-131.

[4] Bollerslev, T. Generalized Autoregressive Conditional Heteroskedasticity [J]. Journal of Econometrics, 1986, 31 (3): 307-327.

[5] Brennan, M. J. and Schwartz, E. S. A Continuous Time Approach to the Pricing of Bonds [J]. Journal of Banking and Finance, 1979, 3: 133-155.

[6] Campbell, J. Y. A Defense of Traditional Hypotheses about the Term Structure of Interest Rates [J]. Journal of Finance, 1986a, 41: 183-193.

[7] Campbell, J. Y. and Ammer, J. What Moves the Stock and Bond Markets? A Variance Decomposition for Long-term Asset Returnrns [J]. Journal of Finance, 1993, 48 (1): 3-37.

[8] Campbell, J. Y. and Shiller, R. J. A Simple Account of the Behavior of Long-term Interest Rates [J]. American Economic Review, 1984, 74: 44-48.

[9] Campbell, J. Y. and Shiner, R. J. Yield Spread and Interest Rate Movements [J]. The Review of Economic Studies, 1991, 58: 495-514.

[10] Campbell, J. Y. Bond and Stock Return in a Simple Exchange Model [J]. Quarterly Journal of Economics, 1986b, 101: 785-804.

[11] Cargill, T. F. The Term Structure of Interest Rates: A Test of the Expectations Hypothesis [J]. Journal of Finance, 1975, 30: 761-771.

[12] Chan, L. K. C., Jegadeesh, N. and Lakonishok, J. Momentum Strategies [J]. The Journal of Finance, 1996, 51 (5): 1681-1713.

[13] Chari, V. V. and Robert J. Weber. How the US Treasury Should Auction Its Debt [J]. Federal Reserve Bank of Minneapolis Quarterly Review, 1992, 16 (4).

[14] Chen, R. R. and Scott, L. Maximum Likelihood Estimation for a Multifactor Equilibrium Model of the Term Structure of Interest Rates [J]. Journal of Fixed Income, 1993, 3: 14-31.

[15] Constantinides, G. M. A Theory of the Nominal Term Structure of Interest Rates [J]. Review of Financial Studies, 1992, 5 (4): 531-552.

[16] Cox, J. C., Ingersoll, J. E. and Ross, S. A. A Reexamination of Traditional Hypotheses about the Term Structure of Interest Rates [J]. Journal of Finance 1981, 36: 769-799.

[17] Cox, J. C., Ingersoll, J. E. and Ross, S. A. A Theory of the Term Structure of Interest Rates [J]. Econometrica, 1985b, 53: 385-407.

[18] Culbertson, J. M. The Term Structure of Interest Rate [J]. Quarterly Journal of Economics, 1957, 71: 485-517.

[19] De Bondt, W. F. M. and Thaler, R. Does the Stock Market Overreact? [J]. The Journal of Finance, 1985, 40 (3): 793-805.

[20] Den Haan, W. J. The Term Structure of Interest Rates in Real and Monetary Economies [J]. Journal of Economic Dynamics and Control, 1995, 19: 909-940.

[21] Engle, R. F. Autoregressive Conditional Heteroscedasticity with Estimates

of the Variance of United Kingdom Inflation [J]. Econometrica: Journal of the Econometric Society, 1982, 50 (4): 987-1007.

[22] Engle, R. F., Lilien, D. M. and Robins, R. P. Estimating Time Varying Risk Premia in the Term Structure: The ARCH-M Model [J]. Econometrica: Journal of the Econometric Society, 1987, 55 (2): 391-407.

[23] Engle, R. F., Ng, V. K. and Rothschild, M. Asset Pricing with a Factor-ARCH Covariance Structure: Empirical Estimates for Treasury Bills [J]. Journal of Econometrics, 1990, 45 (1-2): 213-237.

[24] Estrella, A. and Hardouvelis, G. The Term Structure as a Predictor of Real Economic Activity [J]. Journal of Finance, 1991, 46: 555-576.

[25] Evans, C. L. and Marshall, D. A. Monetary Policy and the Term Structure of Nominal Interest Rates: Evidence and Theory [J]. Carnegie-Rochester Conference Series on Public Policy, 1998, 49: 53-111.

[26] Fama, E. F. Efficient Capital Markets: Ⅱ [J]. The Journal of Finance, 1991, 46 (5): 1575-1617.

[27] Fama, E. F. Term Premiums and Default Premiums in Money Markets [J]. Journal of Financial Economics, 1986, 17: 175-196.

[28] Fisher, L. and Weil, R. L. Coping with the Risk of Interest Rate Fluctuations: Return to Bondholders from Naive and Optimal [J]. The Journal of Business, 1971, 44 (4): 408-431.

[29] Froot, K. A. New Hope for the Expectations Hypothesis of the Term Structure of Interest Rates [J]. Journal of Finance, 1989, 44 (2): 283-305.

[30] Froot, K. A., Scharfstein, D. S. and Stein, J. C. A Framework for Risk Management [J]. Harvard Business Review, 1994, 91.

[31] Hans R. Stoll. The Supply of Dealer Services in Securities Markets [J]. Journal of Finance, 1978, 33: 1133-1151.

[32] Harvey, Nancy. Recent Initiatives in the Canadian Market, for Government of Canada Securities [R]. Bank of Canada Review, 1999, Summer.

[33] Hawkins, John. Bond Markets and Banks in Emerging Economies [R]. Working Paper Ⅱ, Bank for International Settlement, 2001.

[34] Heath, David, Jarrow, Robert and Morton, Andrew. Bond Pricing and the Term Structure of Interest Rates [J]. Econometrica, 1992, 60: 225-262.

[35] Heath, D., Jarrow, R. and Morton, A. Bond Pricing and the Term Structure of Interest Rates: A New Methodology [J]. Econometrica, 1992, 60: 77-105.

[36] Ho, T. S. Y. and Lee, S. B. Term Structure Movements and Pricing of Interest Rate Claims [J]. Journal of Finance, 1986, 41: 1011-1029.

[37] Hull, John, and White, Alan. One-factor Interest-rate Models and the Valuation of Interest-rate Derivative Securities [J]. Journal of Financial and Quantitative Analysis, 1993, 28: 235-254.

[38] Jamshidian, F. Bond, Futures and Option Evaluation in the Quadratic Interest Rate Model [J]. Applied Mathematical Finance, 1996, 3 (2): 93-115.

[39] Jarrow, R. Modeling Fixed Income Securities and Interest Rate Options [M]. New York: McGraw-Hill, 1996,

[40] Jegadeesh, N. and Titman, S. Returns to Buying Winners and Selling Losers: Implications for Stock Market Efficiency [J]. The Journal of Finance, 1993, 48 (1): 65-91.

[41] Kahneman, D. and Tversky, A. Prospect Theory: An Analysis of Decision under Risk [J]. Econometrica, 1979, 47 (2): 263-292.

[42] Kashyap, A. K., Rajan, R. G. and Stein J. C. Banks as Liquidity Providers: An Explanation for the Coexistence of Lending and Deposit-Taking [J]. Journal of Finance, 2002, 57 (1): 33-73.

[43] Kent D. Daniel. Investor Psychology in Capital Markets: Evidence and Policy Implications [C]//Comments Welcome, Aug. 3, 2001.

[44] Kent D. Daniel. Overconfifidence, Arbitrage, and Equilibrium Asset Pricing [J]. The Journal of Finance, 2001, 1 (3) .

[45] Lee, B. S. A Nonlinear Expectation Model of the Term Structure of Interest Rates with Time-varying Risk Premium [J]. Journal of Money, Credit and Banking, 1989, 21: 348-367.

[46] Litterman, R. and Scheinkman, J. A. Common Factors Affecting Bond Returns [J]. Journal of Fixed Income, 1991: 54-61.

[47] Livingston G. Douglas. Yield Curve Analysis: The Fundamentals of Risk and Return [M]. New York: Institute of Finance Corp. , 1998.

[48] Longstaff, F. A. , and Schwartz, E. S. Interest Rate Volatility and the Term Structure: A Two-factor General Equilibrium Model [J]. Journal of Finance, 1992, 47: 1259-1282.

[49] Mankiw, N. G. and Miron, J. A. The Changing Behavior of the Term Structure of Interest Rates [J]. Quarterly Journal of Economics, 1986, 101: 211-228.

[50] McCowni, J. R. Yield Curves and Internrnational Equity Returnrns [J]. Journal of Banking and Finance, 2001, 25: 767-788.

[51] Mehra, R. and Prescott, E. C. The Equity Premium: A Puzzle [J]. Journal of Monetary Economics, 1985, 15 (2): 145-161.

[52] Merton, R. C. An Intertemporal Capital Asset Pricing Model [J]. Econometrica: Journal of the Econometric Society, 1973, 41 (5): 867-887.

[53] Mihaljek, D. , Scatigna, M. and Villar, A. Recent Trends in Bonds Markets [C]//BIS Papers, June, 2002.

[54] Merton, R. C. An Intertemporal Capital Asset Pricing Model [J]. Econometrica, 1973, 41: 867-887.

[55] Mcculloch, J. H. Measuring the Term Structure of Interest Rates [J]. Journal of Business, 1971, 44: 19-31.

[56] Nils H. Hakansson. The Role of a Corporate Bond Market in an Economy and in Avoiding Crises [J]. China Accounting and Finance Review, 1999, 1 (1) .

[57] Park, H. Y. and Bera, A. K. Interest - Rate Volatility, Basis Risk and Heteroscedasticity in Hedging Mortgages [J]. Real Estate Economics, 1987, 15

(2): 79-97.

[58] Raghuram G. Rajan. The Entry of Commercial Banks into the Securities Business: A Selective Survey of Theories and Evidence [C]. Working Paper, Graduate School of Business, University of Chicago, 1995.

[59] Richard J. Herring and Nathpornrn Chatusripitak. The Case of the Missing Market: The Bond Market and Wiry It Matters for Financial Development [C]. Working Paper of the Wharton School, University of Pennsylvania, 2000.

[60] Richard Sylla. The Rise of Securities Markets-what can Government Do? [R]. Policy Research Working Paper, the World Bank, Nov., 1995.

[61] Robert A. Schwartz. Securities Markets Regulation: Market Structure [C]. Working Paper, Stern School of Business, New York University, 1995.

[62] Rozeff, M. S. and Kinney Jr., W. R. Capital Market Seasonality: The Case of Stock Returns [J]. Journal of Financial Economics, 1976, 3 (4): 379-402.

[63] Sanford J. Grossman and Merton H. Miller. Liquidity and Market Structure [C]. NBER Working Paper, 1988.

[64] Schaefer, S. M. and Schwart, E. S. A Two-factor Model of the Term Structure: An Approximate Analytical Solution [J]. Journal of Financial and Quantitative Analysis, 1984, 19 (4): 413-424.

[65] Stenphen G. Cecchetti. The Disappearance of U. S. Trnrnasury Securities: Should We Care? [C]//Occasional Essays on Current Policy Issues No. 7, the Federal Reserve Bank of New York, 2000.

[66] Sugato Chakravarty and Asani Sarkar. Liquidity in U. S. Fixed Income Markets: A Comparison of the Bid-ask Spread in Corporate, Government and Municipal Bond Markets [C]//Working Paper, Federal Reserve Bank of New York, 1999.

[67] Suresh M. Sundaresan. Fixed Income Markets and Their Derivatives [M]. Beijing: Peking University Press, 2003.

[68] Sushil Bikhandani and Chi-fu Huang. The Economics of Treasury Securities Markets [J]. Journal of Economic Perspectives, 1993, 7 (3): 117-134.

[69] Thorsten Beck and Ross Levine. Legal Institutions and Financial Development [R]. NBER Working Paper 10126, 2003.

[70] Turner, P. Bond Markets in Emerging Economies: An Overview of Policy Issues [R]. BIS Papers, No. 11, 2002.

[71] Vasicek, O. An Equilibrium Characterization of the Term Structure [J]. Journal of Financial Economics, 1977, 5 (2): 177-188.

[72] Vasicel, Oldrich. An Equilibrium Characterization of the Term Structure [J]. Journal of Financial Economics, 1977, 5: 177-188.

[73] Yun - Hwan Kim. Developing Treasury Securities Markets in Asia [R]. Asian Development Bank Working Paper, 2001.

[74] Andrei Shileifer. 并非有效的市场——行为金融学导论 [M]. 赵英军，译. 中国人民大学出版社，2004.

[75] Anthony G. Cornrnym, Robert A. Klein, Jess Lederman. 利率风险的控制与管理 [M]. 唐旭等，译. 经济科学出版社，1999.

[76] Avinash K. D. Ixit, Robert S. Pindyck. 不确定条件下的投资 [M]. 朱勇，黄立虎等，译. 中国人民大学出版社，2002.

[77] Avinash K. D. Ixit. 经济政策的制定：交易成本政治学的视角 [M]. 刘元春，译. 中国人民大学出版社，2002.

[78] Brett N. Steenbarger. 重塑证券交易心理——把握市场脉搏的方法和技术 [M]. 王云霞，译. 清华大学出版社，2004.

[79] Evelina M. Tainer. 利用经济指标优化投资分析 [M]. 肖慧娟，译. 机械工业出版社，2000.

[80] Joachim Goldberg, Rudiger von Nitzsch. 行为金融 [M]. 赵英军，译. 中国人民大学出版社，2004.

[81] John C. Hull. 期权、期货和其他衍生品（第 7 版）[M]. 清华大学出版社，2011.

[82] Lsrs Tvede. 金融心理学——掌握市场波动的真谛 [M]. 周为群等，译. 中国人民大学出版社，2003.

［83］ Rasmusen E. 博弈与信息：博弈论概论［M］. 王晖，白金辉等，译. 北京大学出版社，2003.

［84］ Robert J. Shiller. 非理性繁荣［M］. 廖理，译 . 中国人民大学出版社，2001.

［85］ William A. Sherden. 预测业神话［M］. 郭晓凌，译 . 人民邮电出版社，2002.

［86］ 阿斯瓦斯·达摩达兰 . 应用公司理财［M］. 郑振龙等，译 . 机械工业出版社，2000.

［87］ 埃德加·A. 彼得斯 . 分形市场分析——将混沌理论应用到投资与经济理论上［M］. 储海林，译 . 经济科学出版社，2002.

［88］ 埃德加·E. 彼得斯 . 资本市场的混沌与秩序［M］. 王小东，译 . 经济科学出版社，1999.

［89］ 巴曙松 . 金融监管框架下的演变趋势与商业银行的发展空间［J］. 当代财经，2004（1）.

［90］ 巴曙松 . 中国债券市场的发展及对利率政策、银行风险管理的影响［J］. 金融研究，2000（2）.

［91］ 白钦先，王伟 . 政策性金融可持续发展必须实现的六大协调均衡［J］. 金融研究，2004（9）.

［92］ 彼得·L. 博恩斯坦，阿斯瓦斯·达摩达兰 . 投资管理［M］. 李丹，郑爽，译 . 机械工业出版社，2000.

［93］ 彼得·S. 罗斯 . 货币市场与资本市场——全球金融市场中的金融机构与工具［M］. 肖慧绢，译 . 机械工业出版社，1999.

［94］ 彼得·S. 罗斯 . 商业银行管理［M］. 刘元，译 . 机械工业出版社，2000.

［95］ 博特赖特 . 金融伦理学［M］. 静也，译 . 北京大学出版社，2002.

［96］ 布鲁斯·塔克曼 . 固定收益证券［M］. 黄嘉斌，译 . 科文（香港）出版社，1999.

［97］ 曹鸿涛 . 中国银行间债券市场：结构、行为与绩效研究［D］. 暨南

大学博士学位论文，2004.

［98］查理斯·P. 金德尔伯格．经济过热、经济恐慌及经济崩溃——金融危机史（第3版）［M］. 米隽，叶翔，译．北京大学出版社，2000.

［99］常志平，蒋馥．基于上证30及深圳成指的我国股票市场“羊群行为”的实证研究［J］. 预测，2002（3）：50-51+49.

［100］陈典发．利率期限结构的一致性［J］. 系统工程，2002（1）：17-19.

［101］陈收．行为金融：理论与实证［M］. 湖南大学出版社，2004.

［102］陈小宪．重塑商业银行长期发展模式［J］. 金融研究，2003（12）.

［103］陈郁．制度变迁、市场演进与私人契约安排——1986—1990年上海股票交易的案例分析［J］. 经济研究，1995（7）.

［104］陈元．中国政策性金融的理论与实践［J］. 金融科学，2000（3）.

［105］程丹峰，杨照南．中国国库现金管理与货币市场投资选择［J］. 财政研究，2004（9）.

［106］崔治文，柳俊涛．积极财政政策与国债政策取向［J］. 财政研究，2003（12）.

［107］戴国强．论我国货币市场发展的目标及路径［J］. 经济研究，2001（5）.

［108］丹尼尔·布罗姆利．经济利益与经济制度——公共政策的理论基础［M］. 陈郁，郭宇峰，汪春，译．上海三联书店，上海人民出版社，2006.

［109］丹尼斯·卡尔顿，杰弗里·M. 佩洛夫．现代产业组织理论（第四版）［M］. 中国人民大学出版社，2009.

［110］道格拉斯·C. 诺斯．制度、制度变迁与经济绩效［M］. 杭厅，译. 格致出版社，上海三联书店，上海人民出版社，2008.

［111］邓智毅．金融效率制度性分析［M］. 中国金融出版社，2003.

［112］翟林瑜．信息、投资者行为与资本市场效率［J］. 经济研究，2004（3）.

［113］丁亮，孙慧．中国股市股票推荐效应研究［J］．管理世界，2001（5）．

［114］丁韬．个人投资者调查报告［N］．中国证券报（网络版），2003-03.

［115］丁益．保险公司债券投资策略分析［J］．保险研究，2005（7）．

［116］杜莉，王锋．中国商业银行范围经济状态实证研究［J］．金融研究，2002（10）．

［117］樊纲．市场经济与经济效率［M］．上海三联书店，1992.

［118］冯巍．企业投资行为研究［M］．中国时代经济出版社，2002.

［119］弗兰克·K. 赖利，基思·C. 布朗．投资分析与组合管理（第六版）［M］．中信出版社，2002.

［120］弗兰克·小法博齐，弗朗哥·莫迪利亚尼．资本市场、机构与工具［M］．经济科学出版社，1998.

［121］高坚．中国国债［M］．经济科学出版社，1997.

［122］关静，刘艳春，丰雪，等．沪深股市羊群行为的实证研究［J］．辽宁大学学报（自然科学版），2004（3）：227-230.

［123］管毅平．宏观经济波动的微观行为分析：信息范式研究［M］．立信会计出版社，2000.

［124］韩志国．中国资本市场的制度缺陷［M］．经济科学出版社，2001.

［125］何帆．变革过程中的对外开放［J］．改革与理论，2002（2）：43-45.

［126］贺国生，邓晓卓．零息票债券收益率曲线的理论推导及在中国的实践［J］．财经理论与实践，2005（2）：74-78.

［127］赫尔雷格尔，斯洛克姆，伍德曼．组织行为学［M］．俞文钊，丁彪，等，译．华东师范大学出版社，2001.

［128］胡代光，厉以宁．当代资产阶级经济学主要流派［M］．商务印书馆，1982.

［129］胡继之．中国股市的演进与制度变迁［M］．经济科学出版

社，1999.

［130］黄金老．利率市场化与商业银行风险控制［J］．经济研究，2001（1）．

［131］黄少安．关于制度变迁的三个假说及其验证［J］．中国社会科学，2000（4）．

［132］黄兴旺，朱楚珠．行为金融理论述评［J］．经济学动态，2000（8）．

［133］黄长征．投机经济学［M］．中国社会科学出版社，2003.

［134］蒋云根．组织行为的心理分析［M］．东华大学出版社，2003.

［135］金斌，江晓东．中国国债收益率曲线的构造——基于利率期限结构的实证研究［J］．内蒙古财经学院学报，2003（3）：45-49.

［136］卡里尔．伊林斯基．金融物理学——非均衡定价中的测量建模［M］．殷剑锋，译．机械工业出版社，2002.

［137］凯文·T. 戴维斯，默文·K. 刘易斯．放松管制与货币政策［M］//金融与货币经济学前沿问题．中国税务出版社，2000.

［138］克里斯蒂安·戈利耶．风险和时间经济学［M］．徐卫宇，译．中信出版社，2003.

［139］黎鸣．中国人性分析报告［M］．中国社会出版社，2004.

［140］李奥奈尔·马特里尼．固定收益证券——对利率风险进行定价和套期保值的动态方法［M］．肖军，译．机械工业出版社，2002.

［141］李德．我国债券市场的改革与发展［J］．金融与经济，2006（4）．

［142］李心丹．行为金融学——理论及中国的证据［M］．上海三联书店，2004.

［143］李心丹，王冀宁，傅浩．中国个体证券投资者交易行为的实证研究［J］．经济研究，2002（11）：54-63+94.

［144］李扬．国债规模：在财政与金融之间寻求平衡［J］．财贸经济，2003（1）．

［145］李扬，王国刚，何旭德．中国金融理论前沿Ⅲ［M］．社会科学文

献出版社，2003：440-453.

［146］李仲飞，汪寿阳，邓小铁．摩擦市场的利率期限结构的无套利分析［J］．系统科学与数学，2002（3）：285-295.

［147］林毅夫．关于制度变迁的经济学理论：诱致性变迁与强制性变迁［M］//财产权利与制度变迁——产权学派与新制度学派译文集．上海三联书店，1994.

［148］林毅夫，蔡昉，李周．论中国经济改革的渐进式道路［J］．经济研究，1993（9）：3-11.

［149］刘铁民．制度变迁与中国经济体制改革［J］．管理世界，1994（5）：52-58.

［150］刘小兵．政府管制的经济分析［M］．上海财经大学出版社，2004.

［151］刘巡．证券市场微观结构理论与实践［M］．复旦大学出版社，2002.

［152］楼世云，李鹏．国际证券托管清算机构组织体系研究［J］．国际金融研究，2003（10）．

［153］卢遵华．我国国债交易市场实证研究［Z］．中央国债登记结算有限责任公司工作论文，2004.

［154］卢遵华，等．银行间债券市场再上新台阶——2003 年银行间债券市场流动性分析［Z］．中央国债登记结算有限责任公司工作论文，2004.

［155］罗伯特·S. 平狄克．计量经济模型与经济预测［M］．钱小军，译．机械工业出版社，2003.

［156］罗伯特·G. 汉格斯特龙．从牛顿、达尔文到巴菲特——投资的格栅理论［M］．李淮，译．机械工业出版社，2001.

［157］曼库尔·奥尔森．国家兴衰探源：经济增长、滞胀与社会僵化［M］．商务印书馆，1993.

［158］茅于轼．生活中的经济学［M］．暨南大学出版社，2003.

［159］苗壮．制度变迁中的改革战略选择问题［J］．经济研究，1992（10）：72-80.

[160] 秦国楼．金融综合经营与分业经营的比较分析与实证研究 [J]．金融研究，2003（9）．

[161] 饶育蕾，刘达锋．行为金融学 [M]．上海财经大学出版社，2003.

[162] 上官子木．中国人心理透视 [M]．金城出版社，2004.

[163] 申海波．预期理论与资本市场 [M]．上海财经大学出版社，2000.

[164] 盛洪．建立市场经济的法律体系和伦理观念 [J]．科技导报，1993（5）：3-5.

[165] 盛洪．市场扩张、交易费用和生产方式变革 [J]．管理世界，1990（6）：113-125.

[166] 盛洪．现代制度经济学 [M]．北京大学出版社，2003.

[167] 盛洪．中国的过渡经济学 [M]．上海三联书店，上海人民出版社，1994.

[168] 施东晖．证券投资基金的交易行为及其市场影响 [J]．世界经济，2001（10）：26-31.

[169] 水汝庆．货币政策与货币市场 [J]．中国货币市场，2004（5）．

[170] 宋淮松．我国零息国债收益率曲线初探 [N]．中国证券报，1997-02-18.

[171] 宋军．监管水平约束下的金融混业改革 [J]．证券市场导报，2002（10）：66-71.

[172] 宋军，吴冲锋．基于分散度的金融市场的羊群行为研究 [J]．经济研究，2001（11）：21-27.

[173] 宋军，吴冲锋．金融市场中羊群行为的成因及控制对策研究 [J]．财经理论与实践，2001（6）：46-48.

[174] 宋军，吴冲锋．证券市场中羊群行为的比较研究 [J]．统计研究，2001（11）：23-27.

[175] 孙国峰．银行间债券市场发展与中央银行货币政策调控 [J]．金融研究，2000（9）．

[176] 谈儒勇．金融发展理论与中国经济发展 [M]．中国经济出版

社，2000.

［177］唐革榕，朱峰．我国国债收益率曲线变动模式及组合投资策略研究［J］．金融研究，2003（11）：64-72.

［178］唐齐鸣，高翔．我国同业拆借市场利率期限结构的实证研究［J］．统计研究，2002.

［179］王聪，邹鹏飞．中国商业银行规模经济与范围经济的实证分析［J］．中国工业经济，2003（10）．

［180］王广谦．中央银行学［M］．高等教育出版社，1999.

［181］王垒，郑小平，施俊琦，等．中国证券投资者的投资行为与个性特征［J］．心理科学，2003（1）：19-22.

［182］王晓芳，韩龙．我国利率期限结构曲线研究现状、难点及创新设想［J］．山东财政学院学报，2005（1）：26-29.

［183］委洪．经济增长中的公共投资政策［J］．经济研究，2004（3）．

［184］文忠桥．国债定价的理论与实证分析［J］．南开经济研究，2004（5）：85-90+98.

［185］吴方伟．中央债券托管结算机构的风险控制作用［J］．金融研究，2001（9）．

［186］伍志文，等．我国银行存差扩大成因的实证分析［J］．财经研究，2004（4）．

［187］武经伟，方盛举．经济人道德人社会人——市场经济的体制创新与伦理困惑［M］．人民出版社，2002.

［188］习黄宪，赵伟．中美公开市场运行基础的比较分析［J］．金融研究，2003（5）．

［189］小罗伯特·鲁格劳特·普莱切特．艾略特波浪理论——市场行为的关键［M］．陈鑫，译．机械工业出版社，2003.

［190］谢百三．证券市场的国际比较（上、下）——从国际市场比较看中国证券市场的根本性缺陷及矫正［M］．清华大学出版社，2003.

［191］谢赤，吴雄伟．基于 Vasicek 和 CIR 模型中的中国货币市场利率行

为实证分析［J］. 中国管理科学，2002（3）：23-26.

［192］谢多. 中国货币市场发展的分析［J］. 经济研究，2001（9）.

［193］谢平. 中国货币政策分析：1998-2002［J］. 金融研究，2004（8）.

［194］薛求知，黄佩燕. 行为经济学——理论与应用［M］. 复旦大学出版社，2003.

［195］杨大楷，王欢. 关于我国国债收益率曲线的再研究［J］. 扬州大学税务学院学报，1999（3）：50-54.

［196］杨大楷，杨勇. 关于我国国债收益率曲线的研究［J］. 财经研究，1997（7）：14-19.

［197］杨大楷，周成跃，杨大力，彭晓播. 机构投资者与国债市场改革［J］. 证券市场导刊，2001（4）.

［198］杨国枢. 中国人的心理与行为：本土化研究［M］. 中国人民大学出版社，2004.

［199］杨如彦，魏刚，刘孝红，孟辉. 可转换债券及其绩效评价［M］. 中国人民大学出版社，2002.

［200］杨瑞龙. 论我国制度变迁方式与制度选择目标的冲突及其协调［J］. 经济研究，1994（5）：40-49+10.

［201］杨瑞龙. 论制度供给［J］. 经济研究，1993（8）：45-52.

［202］杨瑞龙. 我国制度变迁方式转换的三阶段论——兼论地方政府的制度创新行为［J］. 经济研究，1998（1）：5-12.

［203］杨瑞龙，杨其静. 阶梯式的渐进制度变迁模型——再论地方政府在我国制度变迁中的作用［J］. 经济研究，2000（3）：24-31+80.

［204］杨树旺，刘荣. 中国经济转轨中的金融发展特征研究［J］. 金融研究，2003（12）.

［205］杨学兵，张涛. 银行间债券市场的 5CP 分析［J］. 金融研究，2003（3）.

［206］姚长辉，梁跃军. 我国国债收益率曲线的实证研究［J］. 金融研究，1998（8）：12-18.

[207] 易宪容，赵春明．行为金融学［M］. 社会科学文献出版社，2004.

[208] 于建忠．从囚徒困境走向合作性博弈——银行间市场主体行为分析［J］. 国债与金融，2003（9）.

[209] 于建忠．完善市场运作机制推动债市发展［J］. 金融时报，2002（9）.

[210] 于建忠，刘茜．利率掉期是把双刃剑［J］. 农村金融研究，2006（3）.

[211] 于建忠，马文祥．银行理财产品研究［J］. 农村金融研究，2004（10）.

[212] 于建忠，赵艳，等．中国农业银行债券结算代理业务［Z］. 2003.

[213] 于瑾．论现代利率期限结构模型研究的新发展及其在我国的应用［J］. 国际金融研究，2004（10）：61-67.

[214] 于瑾．中国国债收益率曲线研究［J］. 当代亚太，2004（11）：46-50.

[215] 俞文钊，等．投资心理学［M］. 东北财经大学出版社，2000.

[216] 袁东．论中国利率市场化进程和利率期货的推出［J］. 财贸经济，2003（6）.

[217] 袁东，等．中国债券流通市场运行实证分析［M］. 经济科学出版社，2004.

[218] 袁东，等．中国债券流通市场运行实证研究：交易所债券市场与银行间债券市场的比较分析［M］. 经济科学出版社，2004.

[219] 曾康霖．解读行为金融学［J］. 财经科学，2003（2）：29-32.

[220] 瞿强．国债市场流动性研究——一个比较分析框架［J］. 金融研究，2001（6）.

[221] 詹姆斯·D. 格瓦特尼，理查德·L. 斯特鲁普，卢瑟尔·S. 索贝尔．经济学：私人与公共选择［M］. 中信出版社，2002.

[222] 詹姆斯·蒙蒂尔．行为金融：洞察非理性心理和市场［M］. 赵英军，译．中国人民大学出版社，2007.

［223］张东生．中国债券市场：发展与创新［D］．中国社会科学院研究生院博士学位论文，2000.

［224］张红地，李海龙．公开市场与商业银行的业务运作和资产调整［J］．金融论坛，2001（4）．

［225］张宏安．积极财政政策转型的关键在于走出三大误区［J］．财政研究，2003（10）．

［226］张厚粲．行为主义心理学［M］．浙江教育出版社，2003.

［227］张杰．国有银行的存差：逻辑与性质［J］．金融研究，2003（6）．

［228］张军．中央计划经济下的产权和制度变迁理论［J］．经济研究，1993（5）：72-80+50.

［229］张炜．中国金融制度结构与制度创新［M］．中国金融出版社，2004.

［230］张宇燕．利益集团与制度非中性［J］．改革，1994（2）：97-106.

［231］张宇燕，何帆．在国有企业的内部培育市场［J］．国际经济评论，1997（Z6）：37-39.

［232］章融，金雪军．投资区域选择中的羊群行为研究［J］．西北工业大学学报（社会科学版），2003（2）：71-74.

［233］赵宇龄．中国国债收益率曲线构造的比较分析［J］．上海金融，2003（9）：29-31.

［234］中国外汇交易中心．全国银行间同业拆借中心：银行间债券市场做市商制度的研究报告［EB/OL］．2001. http：//www. chinabonid. com. cn.

［235］中国外汇交易中心，中国人民银行研究局联合课题组．我国银行间市场的未来发展和交易场所组织模式研究［J］．金融研究，2002（5）．

［236］周升业．金融资金运行分析、机制、效率、信息［M］．中国金融出版社，2002.

［237］周小川．改善金融生态的重要内容［EB/OL］．中国人民银行网站，2005-08.

［238］周小川．金融生态的改善是个综合渐进的过程［EB/OL］．中国人

民银行网站，2005-08.

［239］周小川．完善法律制度改进金融生态［R］．经济学 50 人论坛，2004-12.

［240］周业安．中国制度变迁的演进论解释［J］. 经济研究，2000（5）：3-11+79.

［241］周占强．行为金融：理论与应用［M］. 清华大学出版社，2004.

［242］朱峰．基于 Nelson-Siegel 模型的收益率曲线预测［C］//中国数量经济学会．21 世纪数量经济学（第 4 卷）．厦门大学，2003.

［243］朱世武，陈健恒．交易所国债利率期限结构实证研究［J］. 金融研究，2003.

［244］朱世武，邢丽．中国债券市场新债定价研究［J］. 财经研究，2005（4）：46-55.

［245］庄东辰．利率期限结构的实证研究［N］. 中国证券报，1996-06-19.

［246］滋维·博迪．投资学［M］. 朱宝宪，译．机械工业出版社，2000.

本书数据来源：

中国人民银行网站，http：//www. pbc. gov. cn

中国证券业监督管理委员会网站，http：//www. csrc. gov. cn

中国保险业监督管理委员会网站，http：//www. csrc. gov. cn

中国银行业监督管理委员会网站，http：//www. cbrc. gov. cn

中国外汇交易中心货币网网站，http：//www. chinamoney. com. cn

中央国债登记结算公司债券信息网站，http：//www. chinabond. com. cn

上海证券交易所网站，http：//www. sse. com. cn

全国银行间市场本币债券交易系统

北方之星公司 α 债券行情分析系统

中国国债协会，2005 年中国国债市场年报

中国人民银行，2005 年中国金融市场报告

中国人民银行，2002 年至 2006 年第二季度期间的各季度货币政策执行报告

附　录

债券市场主体定价行为调查问卷

本问卷仅为了研究债券定价过程中的主体行为，只是一些关于投资态度、观点及心理方面的问题，不涉及个人隐私。问卷将严格保密，仅供研究之用。

1. 您的性别为（　）。

A. 男　B. 女

2. 您的年龄为（　）。

A. 28 岁以下（含）　　B. 28~40 岁　　C. 40 岁以上

3. 您的学历为（　）。

A. 本科以下（含）　　B. 本科以上

4. 您的债券投资（交易）年限为（　）。

A. 2 年以下（含）　　B. 2~5 年　　C. 5 年以上（含）

5. 您所在机构的类型为（　）。

A. 商业银行（含农村商业银行/农村信用社及联合社）

B. 保险公司

C. 基金公司（含社保基金）

D. 证券公司

E. 其他机构

6. 如果您所在的是商业银行，那么属于商业银行中的哪一类？（ ）。

A. 大型商业银行

B. 全国性股份制银行

C. 城市商业银行

D. 农村商业银行、农村信用社及联合社

E. 外资银行

7. 您所在机构债券市场营运资金的规模总计为（ ）。

A. 50 亿元人民币以下

B. 50 亿~500 亿元人民币

C. 500 亿元人民币以上

8. 在所处机构中，您个人投资决策的权限为（ ）。

A. 较大　　B. 较小

9. 您认为中国债券市场的系统性风险水平如何？（ ）。

A. 非常低　　B. 较低

C. 较高　　D. 非常高

10. 您认为国内债券投资机构的投资理念是否成熟？（ ）。

A. 是　　B. 否

11. 您认为债券市场投资机构的利率风险衡量与管理水平如何？（ ）。

A. 非常低　　B. 较低　　C. 较高

12. 资金的宽裕程度是不是您决定投资某只债券的主要依据？（ ）。

A. 是　　B. 否

13. 中央银行货币政策的一致性及其制定的透明度是否会影响您对债券的定价？（ ）。

A. 是　　B. 否

14. 债券发行主体的发行规则和发行时机选择是否会影响您对债券的定价？（ ）。

A. 是　　　　　　　　　　B. 否

15. 您认为国内是否存在较为成熟、可供借鉴的债券定价模型或收益率曲线？(　)。

A. 是　　　　　　　　　　B. 否

16. 您认为目前国内是否存在较为合理的浮动债券定价基准利率？(　)。

A. 存在　　　　　　　　　B. 不存在

17. 您对债券的定价是否主要依靠自己对债券市场的直觉判断？(　)。

A. 是　　　　　　　　　　B. 否

18. 您认为资金实力雄厚的大机构能否主导债券的定价？(　)。

A. 能　　　　　　　　　　B. 不能

19. 如果您能够打听到大机构的定价策略，那么您是否会跟随这一策略？(　)。

A. 是　　　　　　　　　　B. 否

20. 您认为目前债券定价过程中面临的最大困难是（　）。

A. 债券市场的系统性风险过大

B. 缺乏成熟的定价模型或债券收益率曲线

C. 缺乏可供参考的基准利率

D. 投资交易主体的有限理性行为（反应过度等）

21. 您是否曾经纯粹出于投机目的而投资债券市场？(　)。

A. 是　　　　　　　　　　B. 否

22. 个人情绪是否会影响到您的投资决策？(　)。

A. 极少会　　　　　　　　B. 偶尔会　　　　　　C. 常常会

23. 一般来说，您每天做几笔交易？(　)。

A. 2 笔以下（含）　　　　B. 3~7 笔　　　　　　C. 8 笔及以上

24. 您最希望的债券招标方式为（　）。

A. 荷兰式招标　　　　　　B. 美国式招标　　　　C. 混合式招标

25. 您所在机构债券投资的决策机制为（　）。

A. 以领导拍板或交易员决策为主　　　　　　　　B. 以集体决策为主

26. 如果没有任何人为干预，您觉得您（自主决策）投资成功的概率为（　）。

A. 85%以下　　　　　B. 85%以上（含）

27. 如果您要出售某只债券，您给熟悉程度不同的机构的报价是否完全一样？（　）。

A. 是　　　　　B. 否

28. 如果您要出售某只债券，您给资金实力不同的机构的报价是否完全一样？（　）。

A. 是　　　　　B. 否

29. 您认为是否不同类型机构偏好不同类型债券？（　）。

A. 是　　　　　B. 否

30. 如果债券市场持续大涨，而市场分析报告普遍认为，尽管从长期来看债券收益率已经明显偏低，但是债券市场还可以上涨 1~2 周，此时您是否会继续买入债券？（　）。

A. 会　　　　　B. 不会

31. 您经过慎重选择而准备购入的债券却不被周围同事看好，您会怎么办？（　）。

A. 坚持自己的操作

B. 尝试性地少量买进

C. 暂时放弃自己的操作

32. 您是否会因为错失投资机会而后悔？（　）。

A. 从不后悔，因为投资机会很多，失去一些非常正常

B. 偶尔会后悔，虽然投资机会很多，但是毕竟好的机会不多

C. 经常后悔，因为要求比较高，希望能够抓住尽可能多的投资机会

33. 债券市场开始单边大幅下挫，且市场普遍看空后市，您是否会担心您所持有的债券市值也同样大幅下跌？（　）。

A. 非常担心　　　　　B. 较为担心　　　　　C. 不担心

34. 当处于第 32 题所指的情况时，您一般会采取什么样的投资策略？

（　）。

A. 卖掉看空的债券　　　　B. 被动持有

35. 如果债券市场下跌已持续较长时间，且未来继续看空，您一般采取的策略为（　）。

A. 卖掉亏损债券止损　　　B. 继续被动持有　C. 逢低买入，摊薄成本

36. 请结合实践，将以下债券定价时的依据按重要程度由大到小排序：（　）。

A. 以自身对债券市场的系统性研究为基础

B. 借鉴市场上的分析报告

C. 依靠精确的定价模型与软件

D. 主要靠自己（或领导）的直觉判断

E. 参考打听到的大机构的定价策略

37. 请将以下影响债券发行市场定价的因素，按重要程度由大到小排序：（　）。

A. 国家的宏观经济政策走向

B. 机构自身的资金性质与规模

C. 打听到的市场上大机构的定价策略

D. 债券的招标方式

E. 市场上相同期限的债券的利率水平及其预期变动

38. 请将以下影响债券交易市场定价的因素，按重要程度由大到小排序：（　）。

A. 国家的宏观经济形势

B. 中央银行的货币政策意图

C. 机构自身的资金性质与规模

D. 打听到的市场上大机构的定价策略

E. 债券的收益率曲线及其预期变动

F. 交易对手的机构类型

39. 您在实践中是否按照市场上已有（或自己构造）的基于完全理性预期

的债券收益率曲线来对发行市场的债券进行定价？（　）。

A. 是　　　　　　　　　B. 否

40. 您在实践中是否按照市场上已有（或自己构造）的基于完全理性预期的债券收益率曲线来对交易市场的债券进行定价？（　）。

A. 是　　　　　　　　　B. 否

41. 您如果有交易需求，在选择交易对手时您会（　）。

A. 优先与熟悉的机构和人员进行询价　　　　B. 没有优先

42. 您认为银行间债券市场是否存在同质现象，即不同类型的机构投资风格和偏好一致？（　）。

A. 是　　　　　　　　　B. 否

43. 您认为银行间债券市场是否存在圈子现象，即熟悉的机构之间交往和交易频繁？（　）。

A. 是　　　　　　　　　B. 否

44. 如果市场成员一方出现暂时性的困难，在不违反原则和不损害本单位利益的情况下，您是否会伸手援助？（　）。

A. 愿意　　　　　　　　B. 看熟悉程度　　　C. 不愿意

45. 如果圈子内成员一方出现暂时性的困难，在不违反原则和不损害本单位利益的情况下，您是否会伸手援助？（　）。

A. 愿意　　　　　　　　B. 看熟悉程度　　　C. 不愿意

46. 如果某市场成员与另一个市场成员在正常的询价交易中没有信守承诺，而且也没有不可抗的原因，您对这两个市场成员也不太熟悉，您会怎样处理？（　）。

A. 谴责违约方　　　　　B. 无所谓　　　　　C. 孤立或不再继续合作

47. 如果圈子内某成员在正常的询价交易中没有信守承诺，而且也没有不可抗的原因，您会怎样处理？（　）。

A. 谴责违约方　　　　　B. 无所谓　　　　　C. 孤立或不再继续合作

48. 圈子内成员有没有违反市场制度、利益交换的行为？（　）。

A. 没有　　　　　　　　B. 没有发现　　　　C. 有

49. 您是否会为了本单位的利益而故意与您熟悉的友方发生交易违约？（　）。

A. 不会　　B. 偶尔会

50. 如果您掌握了与市场有关的第一手信息，在不违反有关规定的情况下您会尽快告诉您熟悉的成员吗？（　）。

A. 会　　B. 偶尔会　　C. 不会

51. 您得到的一手消息一般是通过何种方式获得的？（　）。

A. 电话　　B. 手机短信　　C. 其他

52. 您认为在债券市场某项债券资源紧俏时，如企业融资券，哪些因素决定您是否能取得该项资源？（　）。

A. 熟悉程度　　B. 行贿　　C. 其他